USE THIS PAGE TO TEST WHEN USING MARKERS. PUT UNDER THE DRAWING YOU COLOR JUST TO MAKE SURE IT DOESN'T BLEED ONTO THE NEXT DRAWING WHEN YOU USE FELT, INK OR ANY WATERBASE MARKERS.

YOU CAN USE ACRYLIC PAINT <u>WITHOUT</u> DILUDING IT IN WATER. IT WILL NOT GO THROUGH, BUT IF YOU USE SHARPIE MARKERS BECAUSE OF THE ALCOLHOL CONTENT IT GOES THROUGH THE PAGE.

The paper becomes a bit wrinkled when using acrylic paint, but it gives it a nice effect

It is recommended to test and see

UTILISEZ CETTE PAGE POUR TESTER LORS DE L'UTILISATION DE MARKEURS/FEUTRES. METTEZ-LA SOUS LE DESSIN QUE VOUS COLORIEZ POUR VOUS ASSURER QU'IL NE TRANSFERT PAS L'ENCRE SUR LE PROCHAIN DESSIN. CECI S'APPLIQUE POUR TOUT MARQUEURS, FEUTRES, OU ENCRE.

VOUS POUVEZ UTILISER LA PEINTURE ACRYLIQUE <u>SANS</u> LA DILUER DANS L'EAU, MAIS SI VOUS UTILISEZ DES MARQUEURS 'SHARPIE' EN RAISON DU CONTENU D'ALCOLHOL, LA COULEUR VA SE TRANSFÉRER SUR L'AUTRE PAGE.

Pour l'acrylique, le papier va gondoler un peu et donnera un effet intéressant

Il est recommandé de tester pour voir

BEAUTIFUL AND MAGICAL TORONTO

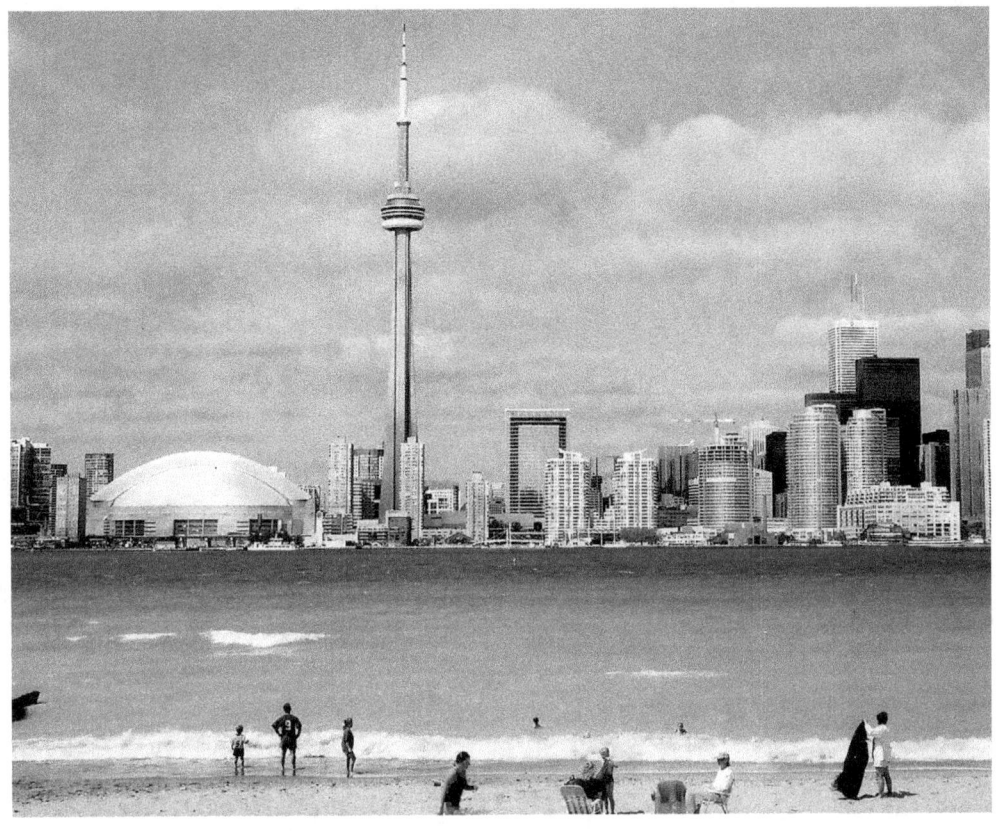

THIS BOOK IS AN ARTISTIC INTERPRETATION OF NANCY BÉLIVEAU ON THE CITY OF TORONTO

CE LIVRE EST UNE INTERPRETATION ARTISTIQUE DE NANCY BÉLIVEAU SUR LA VILLE DE TORONTO

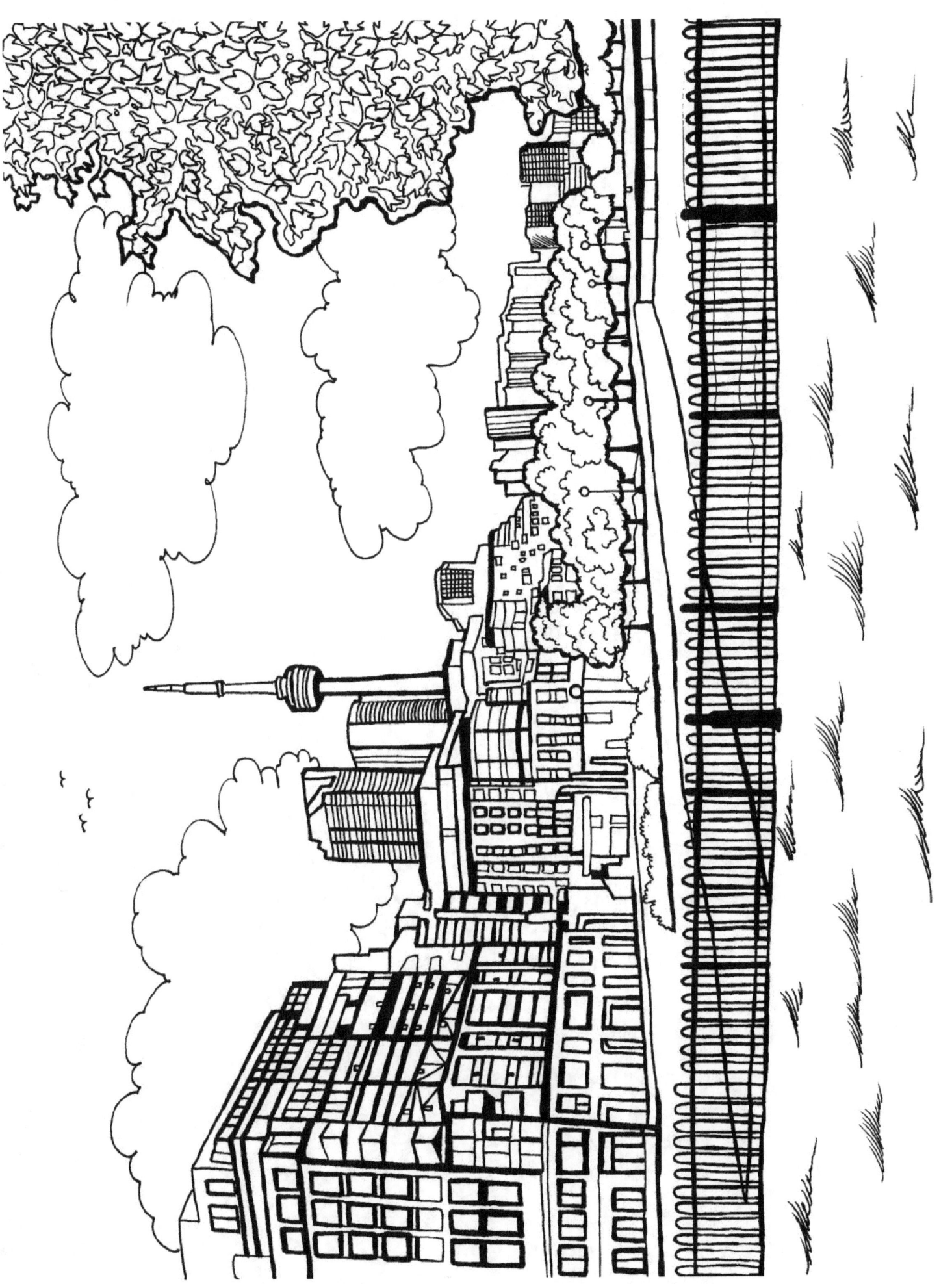

INTERESTING FACTS ABOUT TORONTO

- The all-time record for snow fall in Toronto in one day occurred on February 25, 1965 when the city recorded a snowfall amount of 39.9 centimetres
- Over one million people descend on The Village area of Toronto every June to celebrate Pride Week
- Toronto was the first jurisdiction in North America to legalize Gay marriage (since 2003)
- Massey Hall, the "grande dame" of local music halls, has been part of Toronto's music history since 1894
- Gordon Lightfoot holds the record at Massey Hall for being the most frequently returning artist in the building's history
- Toronto's famous Horseshoe Tavern is 69 years old (2016)
- The Eaton Centre is the third largest mall in Canada

FAITS INTÉRESSANTS SUR TORONTO

- Le record absolu de chute de neige à Toronto en une journée s'est produit le 25 février 1965, lorsque la ville a enregistré une quantité de neige de 39,9 centimètres.
- Chaque mois de juin, plus d'un million de personnes descendent dans le quartier The Village de Toronto pour célébrer la Semaine de la fierté
- Toronto a été la première juridiction en Amérique du Nord à légaliser le mariage gay (depuis 2003).
- Le Massey Hall, la «grande dame» des music-halls locaux, fait partie de l'histoire de la musique à Toronto depuis 1894.
- Gordon Lightfoot détient le record au Massey Hall d'être l'artiste ayant le plus de retours dans l'histoire de l'immeuble
- La célèbre Horseshoe Tavern de Toronto a 69 ans (2016)
- Le Centre Eaton est le troisième centre commercial en importance au Canada

(source: canadianbloghouse.com)

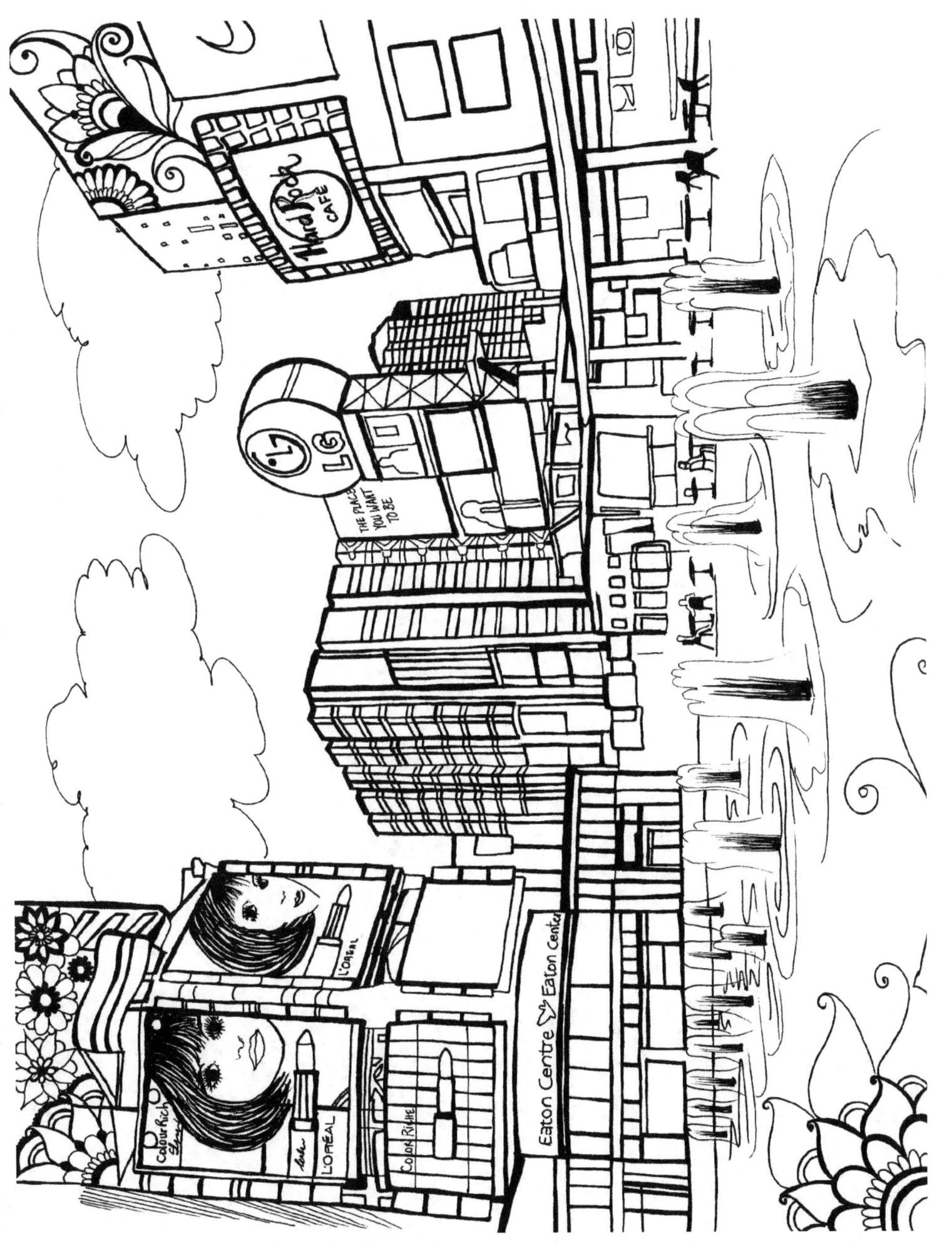

INTERESTING FACTS ABOUT TORONTO

- The former Maple Leaf Gardens is now home to big box superstore grocery chain, Loblaws, and a sports stadium for Ryerson University

- The Rogers Centre (formerly SkyDome) is the world's first retractable-dome stadium

- The Distillery Historic District was once the largest whisky producer in the world

- At 28 stories high, the Fairmont Royal York Hotel was considered the tallest building in the British Empire when it opened in 1929

- Designed by Finnish architect Viljo Revell, Toronto's new City Hall was originally given the nickname of "The Eye of Government" thanks to the fact that, from the air, it looks like an enormous, unblinking eye.

- Ontario Place's "Cinesphere" is the world's first permanent IMAX theatre

FAITS INTÉRESSANTS SUR TORONTO

- L'ancien Maple Leaf Gardens abrite maintenant la chaîne d'épicerie à grande surface, Loblaws, et un stade de sport pour l'Université Ryerson.

- Le Rogers Centre (anciennement SkyDome) est le premier stade au monde à dôme rétractable.

- Le Distillery Historic District était autrefois le plus grand producteur de whisky au monde

- À ses 28 étages, l'hôtel Fairmont Royal York était considéré comme le plus haut bâtiment de l'Empire britannique lors de son ouverture en 1929.

- Conçu par l'architecte finlandais Viljo Revell, le nouvel hôtel de ville de Toronto porte à l'origine le surnom de «The Eye of Government», grâce au fait qu'il ressemble, dans l'air, à un énorme œil qui ne clignote pas.

- La cinésphère de la Place de l'Ontario est le premier théâtre IMAX permanent au monde.

(Source: canadianbloghouse.com)

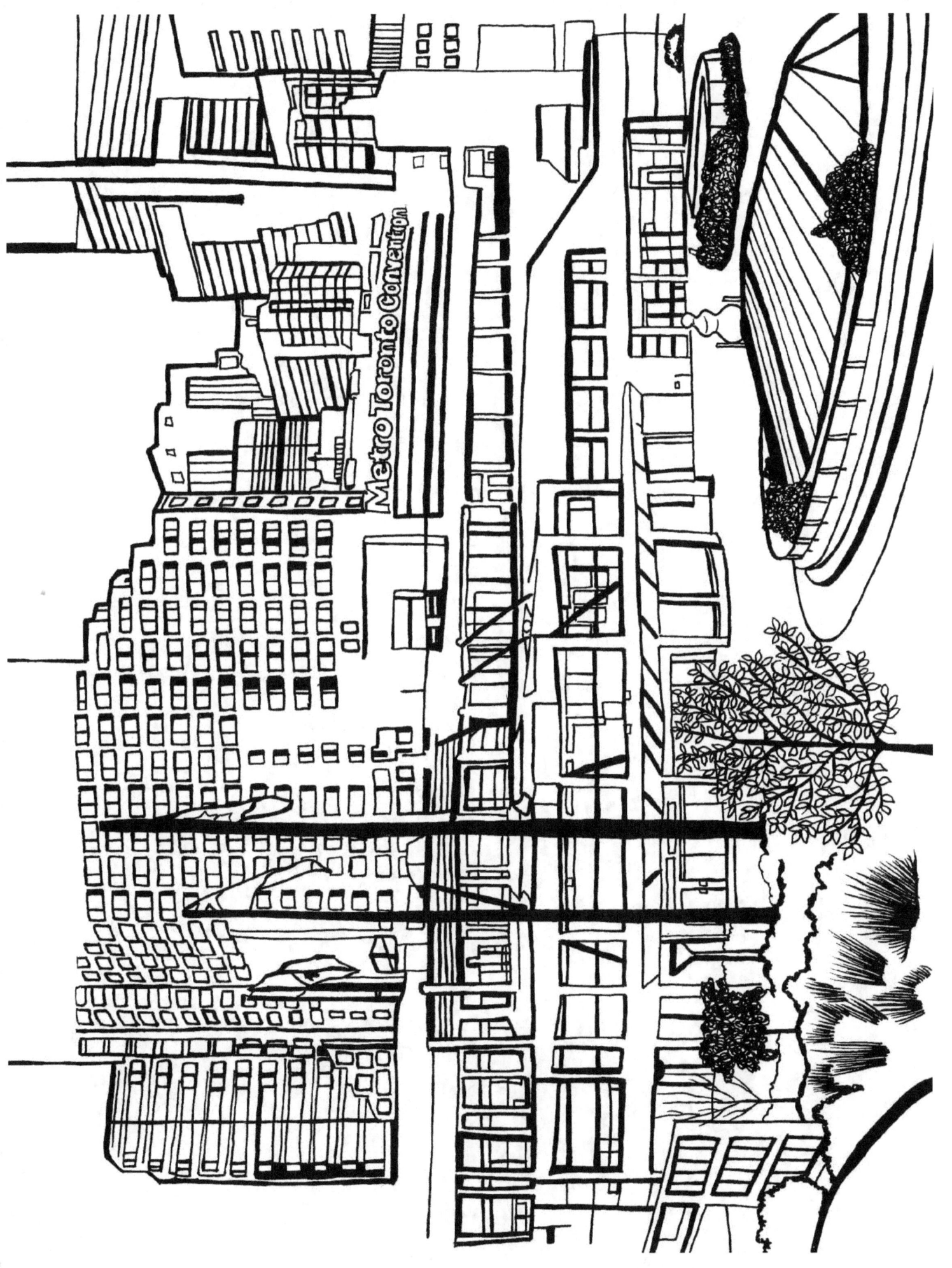

INTERESTING FACTS ABOUT TORONTO

- 50% of the population of Toronto was born outside of Canada
- Toronto's shoreline stretches over 43 kilometres
- 130 languages and dialects are spoken in Toronto
- Toronto was first settled over 11,000 years ago by a wide array of Aboriginal groups
- Toronto is home to 6 professional sports teams (Jays/Leafs/Raptors/Argonauts/FC/Rock)
- The word "Toronto" comes from the Mohawk phrase "tkaronto" which means "where trees grow in water"

FAITS INTÉRESSANTS SUR TORONTO

- 50% de la population de Toronto est née à l'extérieur du Canada

- Le rivage de Toronto s'étend sur 43 kilomètres

- 130 langues et dialectes sont parlés à Toronto

- Toronto a été établie pour la première fois il y a plus de 11 000 ans par un large éventail de groupes autochtones

- Toronto abrite 6 équipes sportives professionnelles (Jays / Leafs / Raptors / Argonauts / FC / Rock)

- Le mot «Toronto» vient de la phrase mohawk «tkaronto» qui signifie «où les arbres poussent dans l'eau»

(source: canadianbloghouse.com)

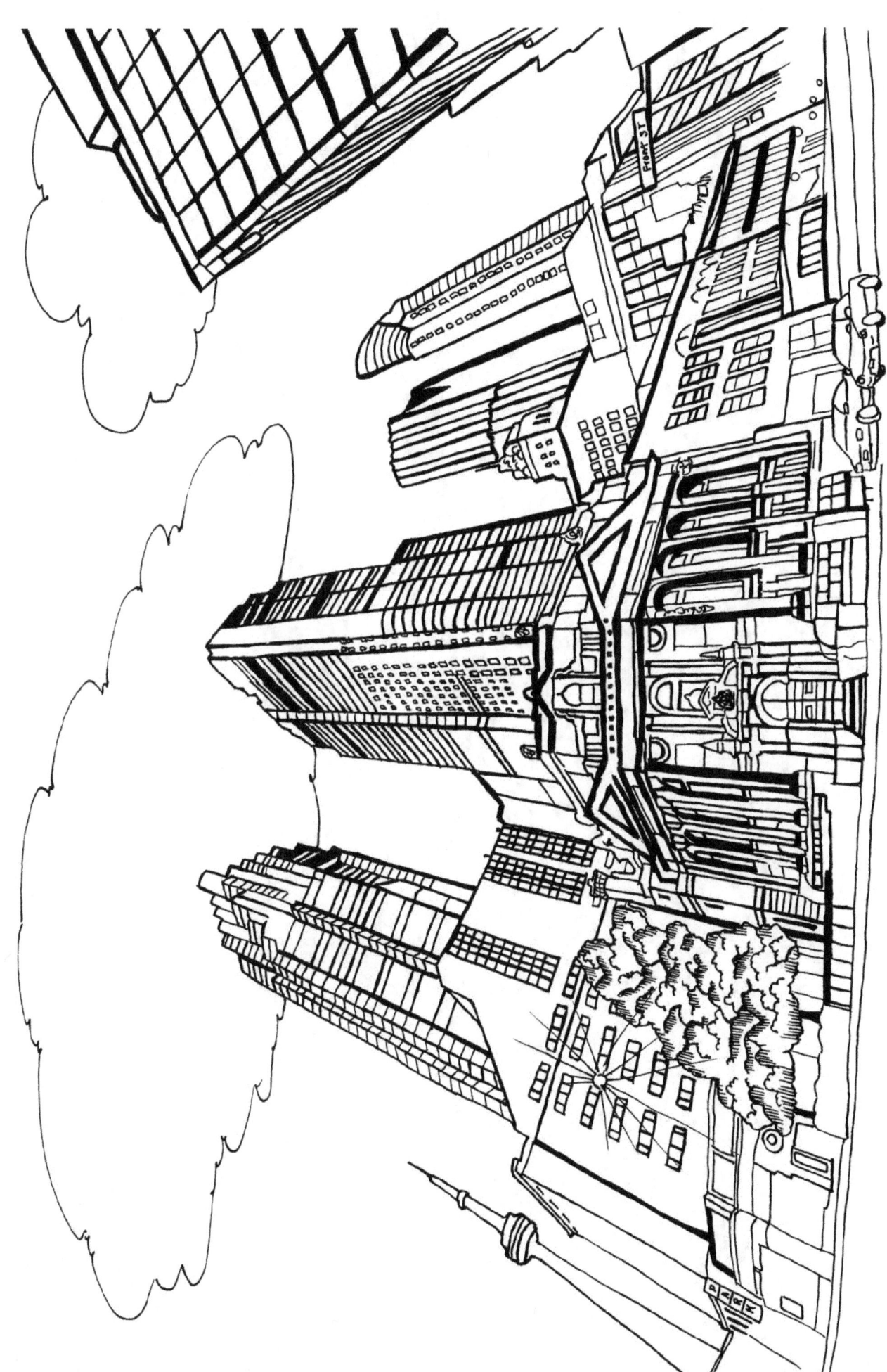

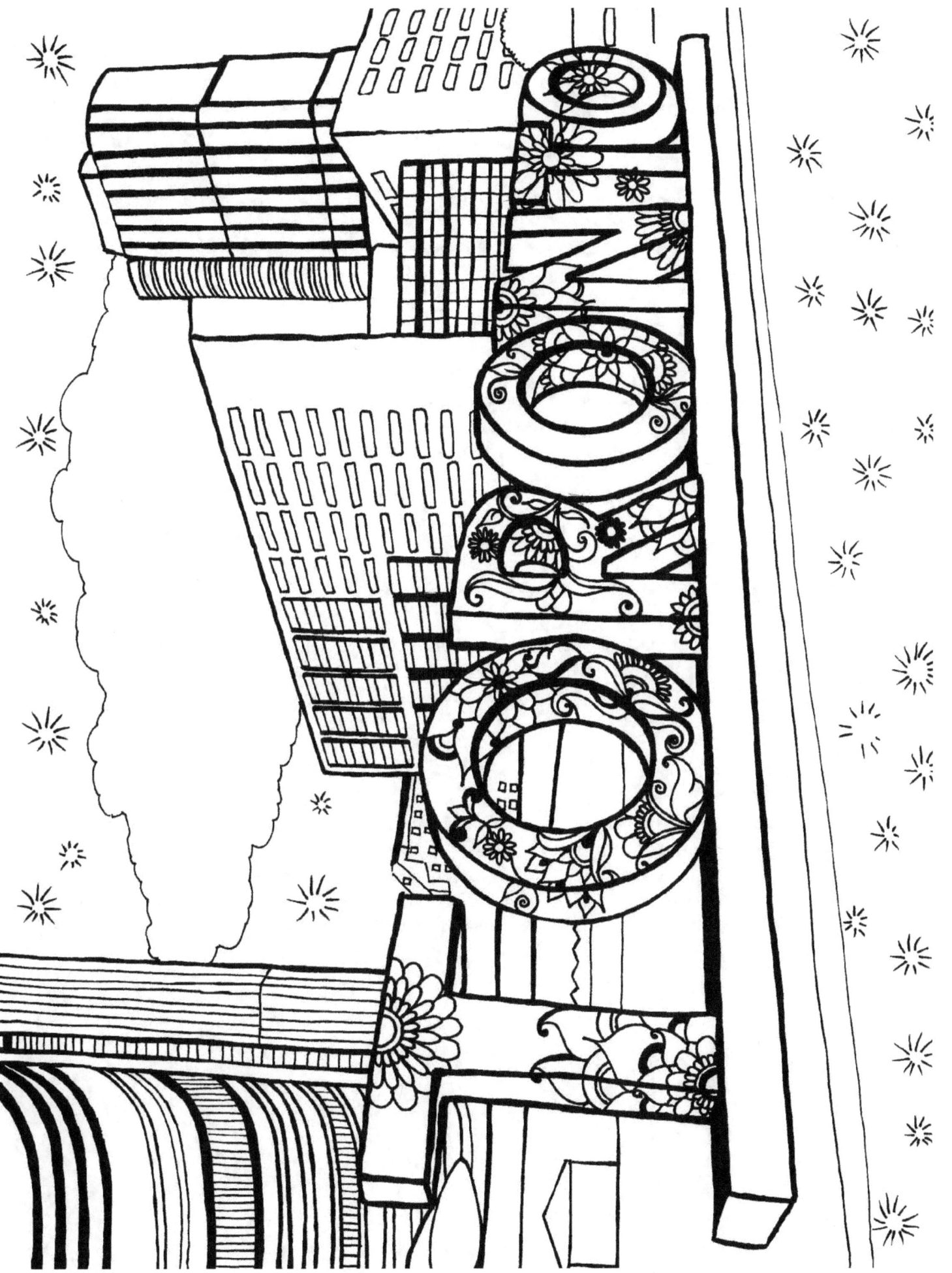

Toronto sign

The 3D Toronto sign, commonly known as the Toronto sign, is an illuminated three-dimensional sign in Nathan Phillips Square , that spells the city's name. It is 3 metres (9.8 ft) tall, and 22 metres (72 ft) long (prior to the addition of the maple leaf in late 2016), lit by LED lights controlled via Wi-Fi, that can create an estimated 228 million colour combinations, approximately equal to that of what the human eye can sense.

Originally installed for the 2015 Pan American Games as a temporary attraction meant to be dismantled in November 2016 at the earliest, the City of Toronto decided to continue to operate the sign after it became popular with tourists and residents. Explaining the city's decision to keep it, Toronto City Councillor Norm Kelly said the sign is as iconic as the CN Tower and that it has become known all over the world. It has appeared in an estimated 120 million pictures in various social media outlets in June 2016.

A 3D maple leaf was added to the Toronto sign adjacent to the final "O" in December 2016 to mark the 150th anniversary of Canadian Confederation

Enseigne de Toronto

Le signe 3D de Toronto, plus connu sous le nom de signe de Toronto, est un signe tridimensionnel illuminé du square Nathan Phillips, épelant le nom de la ville. Il mesure 3 mètres de haut et 22 mètres de long (avant l'ajout de la feuille d'érable à la fin de 2016), éclairé par des lumières LED contrôlées via le Wi-Fi, pouvant créer 228 millions de couleurs combinaisons, approximativement égales à celle de ce que l'oeil humain peut sentir.
Initialement installée pour les Jeux panaméricains de 2015 en tant qu'attraction temporaire devant être démantelée au plus tôt en novembre 2016, la Ville de Toronto a décidé de continuer à exploiter l'enseigne après sa popularité auprès des touristes et des résidents. Le conseiller municipal de Toronto, Norm Kelly, a expliqué que cette enseigne était aussi emblématique que la Tour CN et qu'elle était connue dans le monde entier. Il est apparu dans environ 120 millions de photos dans divers médias sociaux en juin 2016. Une feuille d'érable en 3D a été ajoutée à l'enseigne de Toronto adjacente au dernier "O" en décembre 2016 pour marquer le 150e anniversaire de la Confédération canadienne.

(Source : Wikipedia)

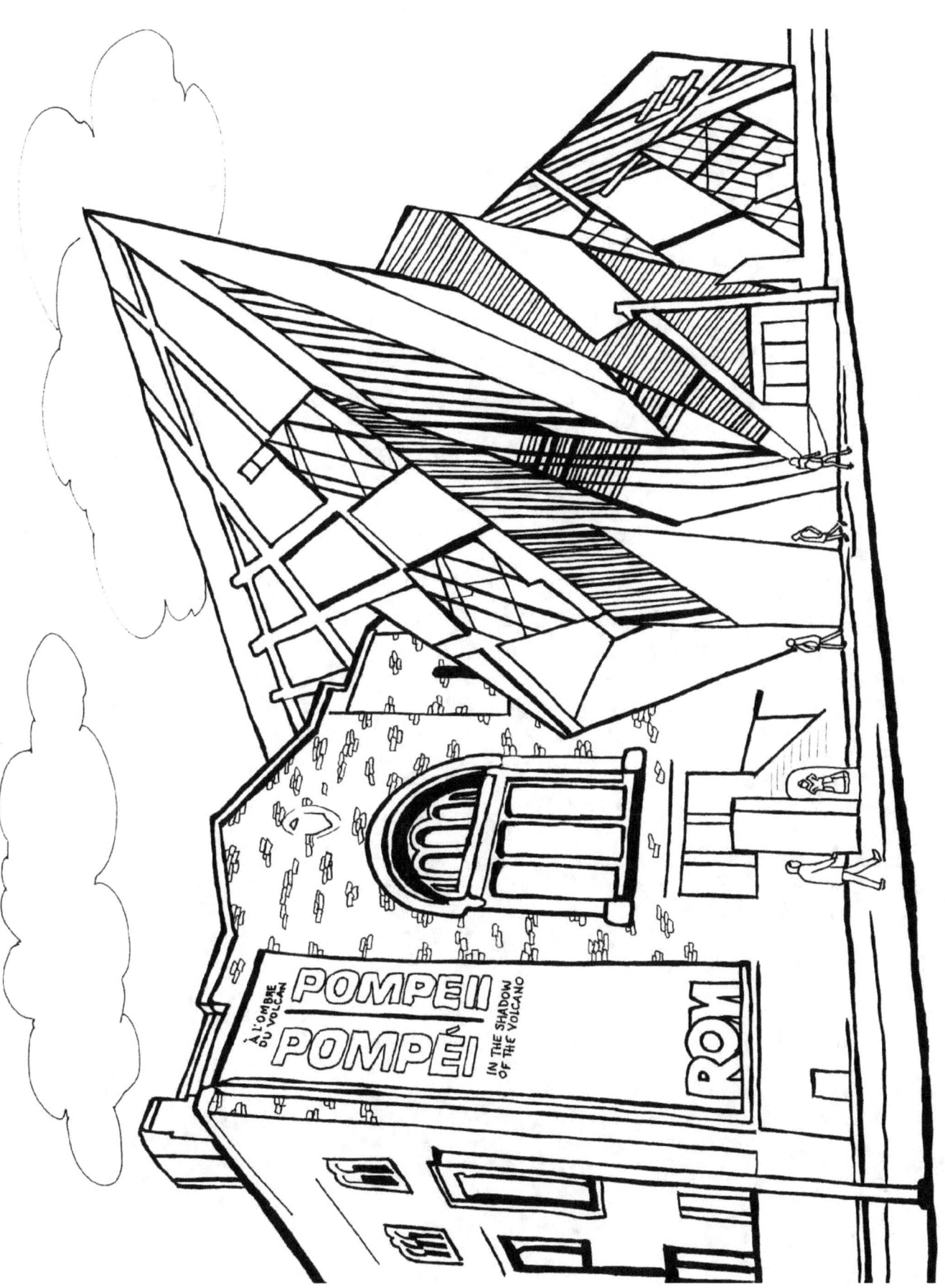

The Royal Ontario Museum

The Royal Ontario Museum is a museum of art, world culture and natural history in Toronto, Ontario, Canada. It is one of the largest museums in North America, and the largest in Canada. It attracts more than one million visitors every year, making the ROM the most visited museum in Canada. The museum is north of Queen's Park, in the University of Toronto district, with its main entrance on Bloor Street West. The Museum subway station of the Toronto Transit Commission is named after the ROM, and since 2008, it is decorated to resemble the institution's collection.

Established on 16 April 1912 and opened on 19 March 1914, the museum has maintained close relations with the University of Toronto throughout its history, often sharing expertise and resources. The museum was under the direct control and management of the University of Toronto until 1968, when it became an independent Crown agency of the government of Ontario. Today, the museum is Canada's largest field-research institution, with research and conservation activities that span the globe.[

With more than six million items and forty galleries, the museum's diverse collections of world culture and natural history contribute to its international reputation. The museum contains notable collections of dinosaurs, minerals and meteorites, Near Eastern and African art, Art of East Asia, European history, and Canadian history. It houses the world's largest collection of fossils from the Burgess Shale with more than 150,000 specimens. The museum also contains an extensive collection of design and fine arts, including clothing, interior, and product design, especially Art Deco.

Le Musée royal de l'Ontario

Le Musée royal de l'Ontario est un musée d'art, de culture mondiale et d'histoire naturelle situé à Toronto, en Ontario, au Canada. C'est l'un des plus grands musées d'Amérique du Nord et du Canada. Il attire plus d'un million de visiteurs chaque année, faisant du ROM le musée le plus visité au Canada. Le musée est situé au nord de Queen's Park, dans le quartier de l'Université de Toronto, avec son entrée principale sur Bloor Street West. La station de métro Museum de la Toronto Transit Commission porte le nom du ROM et, depuis 2008, elle est décorée de manière à ressembler à la collection de l'institution.

Fondé le 16 avril 1912 et ouvert le 19 mars 1914, le musée a maintenu des relations étroites avec l'Université de Toronto tout au long de son histoire, partageant souvent son expertise et ses ressources. Le musée était sous le contrôle et la gestion directs de l'Université de Toronto jusqu'en 1968, date à laquelle il est devenu un organisme indépendant de la Couronne du gouvernement de l'Ontario. Aujourd'hui, le musée est la plus grande institution de recherche sur le terrain au Canada, avec des activités de recherche et de conservation couvrant le monde entier.

Avec plus de six millions d'objets et une quarantaine de galeries, les collections du musée sur la culture mondiale et l'histoire naturelle contribuent à sa réputation internationale. Le musée contient des collections remarquables de dinosaures, de minéraux et de météorites, d'art du Proche-Orient et d'Afrique, d'art d'Asie de l'Est, d'histoire européenne et d'histoire canadienne. Il abrite la plus grande collection de fossiles des schistes de Burgess au monde, avec plus de 150 000 spécimens. Le musée contient également une vaste collection de design et de beaux-arts, notamment de vêtements, d'intérieurs et de produits, notamment Art Déco.

(source : wikipedia)

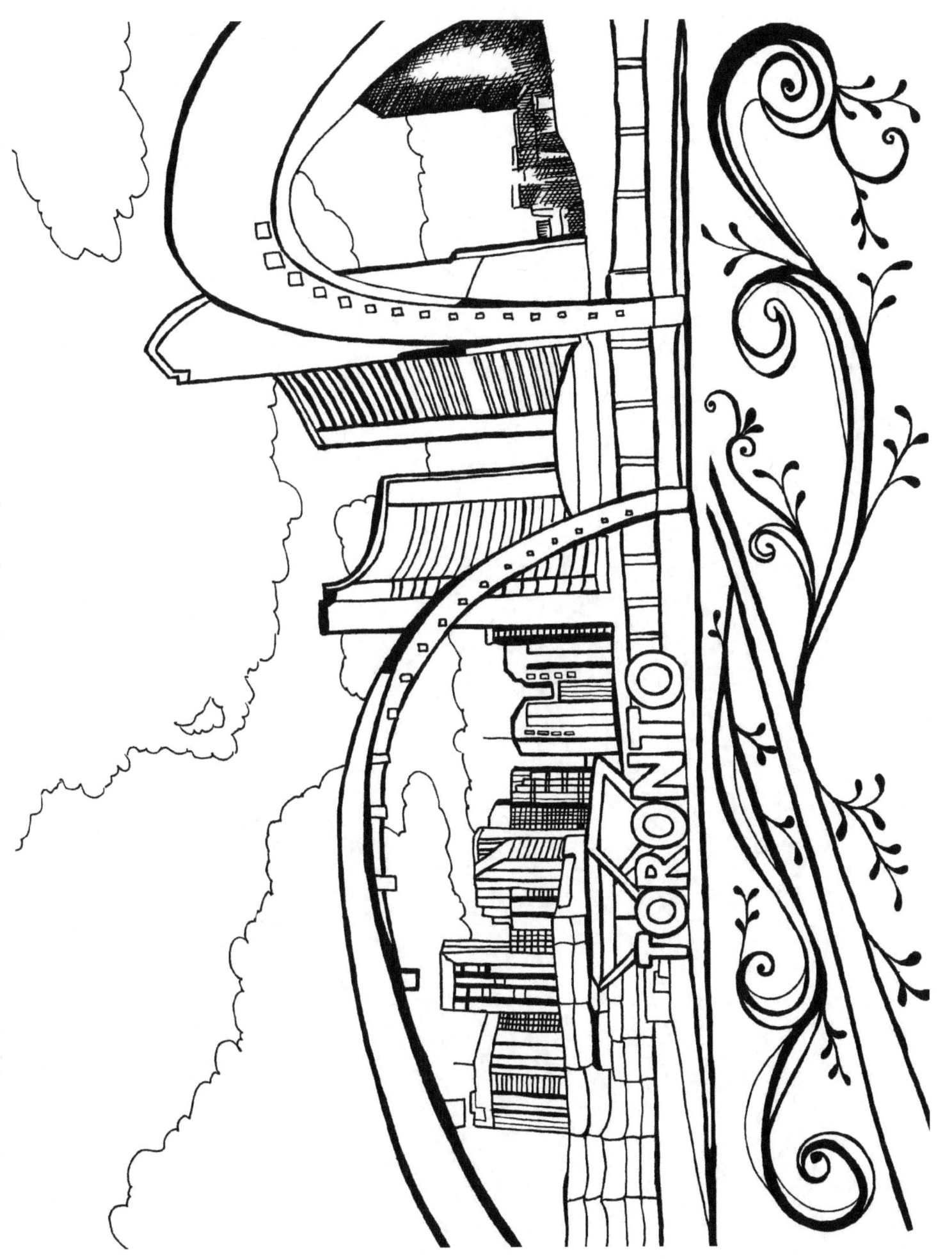

NATHAN PHILLIPS SQUARE

Nathan Phillips Square is an urban plaza in Toronto, Ontario, Canada. It forms the forecourt to Toronto City Hall, or *New City Hall*, at the intersection of Queen Street West and Bay Street, and is named for Nathan Phillips, mayor of Toronto from 1955 to 1962. The square was designed by the City Hall's architect Viljo Revell and landscape architect Richard Strong. It opened in 1965. The square is the site of concerts, art displays, a weekly farmers' market, the winter festival of lights, and other public events, including demonstrations. During the winter months, the reflecting pool is converted into an ice rink for ice skating. The square attracts an estimated 1.5 million visitors yearly. With an area of 4.85 hectares (12.0 acres), it is Canada's largest city square.

Nathan Phillips Square est une place urbaine à Toronto, Ontario, Canada. Elle forme le parvis de l'hôtel de ville de Toronto, ou nouvel hôtel de ville, à l'intersection de Queen Street West et de Bay Street. Elle porte le nom de Nathan Phillips, maire de Toronto de 1955 à 1962. La place a été conçue par l'architecte de la Ville, Viljo Revell et par l'architecte paysagiste, Richard Strong. Il a ouvert ses portes en 1965. La place accueille des concerts, des expositions d'art, un marché hebdomadaire de producteurs, le festival des lumières de l'hiver et d'autres événements publics, notamment des démonstrations. Pendant les mois d'hiver, le bassin réfléchissant est converti en une patinoire pour le patinage. La place attire environ 1,5 million de visiteurs par an. Avec une superficie de 4,85 hectares, il s'agit de la plus grande place publique du Canada.

(Source : Wikipedia)

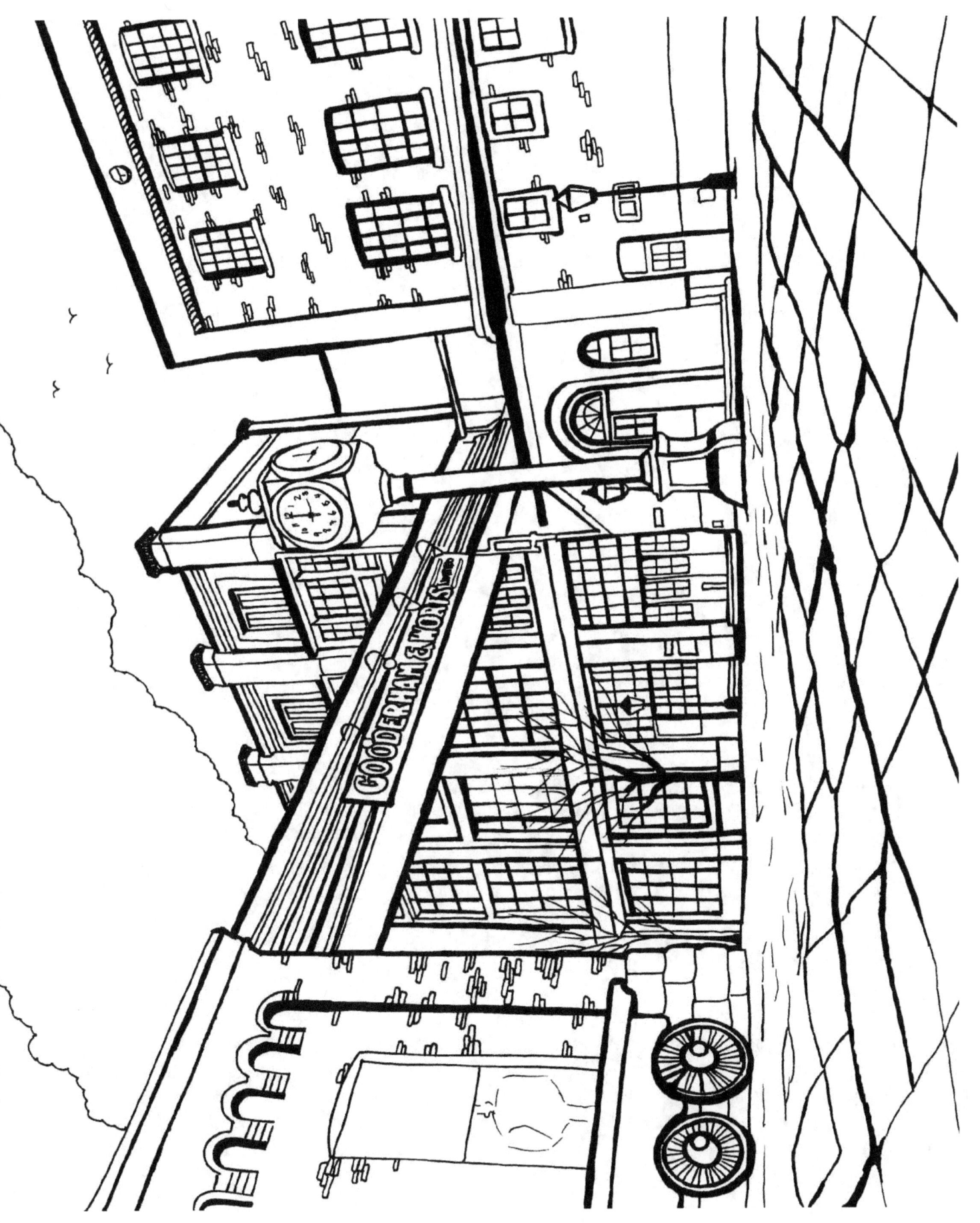

Gooderham and Worts

Gooderham and Worts, also known as *Gooderham & Worts Limited*, was a Canadian distiller of alcoholic beverages. It was once the largest distiller in Canada. The company was merged with Hiram Walker, which was in turn sold to Allied Lyons. Its distillery facility on the Toronto waterfront was closed in the 1990s. The buildings, dating to the 1860s, were preserved and repurposed as the "Distillery District" arts and entertainment district.

The company was founded by James Worts and his brother-in-law, William Gooderham. Worts had owned a mill in Diss, England, moved to Toronto in 1831 and established himself in the same business. He built a prominent windmill at the Toronto waterfront near the mouth of the Don River. The next year, Gooderham joined him in Toronto and in the business. The business prospered, processing grain from Ontario farmers and then shipping it out via the port of Toronto.

With a surplus of wheat, Gooderham expanded the company in 1837 into brewing and distilling, and soon this lucrative business became the firm's primary focus. Gooderham served as the sole manager of the business until 1845, when he made Worts' eldest son, James Gooderham Worts, co-manager. In 1859, work began on a new distillery complex, the area that today is the Distillery District. It was built on the waterfront, with easy access to Toronto's main train lines. In 1862, its first full year of production, the facility made some 700,000 imperial gallons (3,180,000 litres) of spirits. At that time, it was a full quarter of all the spirits produced in Canada.

Gooderham and Worts, également connu sous le nom de Gooderham & Worts Limited, était un distillateur canadien de boissons alcoolisées. C'était autrefois le plus grand distillateur au Canada. La société a été fusionnée avec Hiram Walker, qui a été vendu à Allied Lyons. Sa distillerie dans le secteur riverain de Toronto a été fermée dans les années 1990. Les bâtiments, datant des années 1860, ont été préservés et transformés en quartier des arts et spectacles "Distillery District" (District de Distillerie).

La société a été fondée par James Worts et son beau-frère, William Gooderham. Worts avait possédé une usine à Diss, en Angleterre, s'était installé à Toronto en 1831 et s'était établi dans le même commerce. Il a construit un important moulin à vent dans le secteur riverain de Toronto, près de l'embouchure de la rivière Don. L'année suivante, Gooderham le rejoignit à Toronto et dans l'entreprise. L'entreprise a prospéré, transformant le grain des agriculteurs ontariens puis l'expédiant par le port de Toronto.

En 1834, l'épouse de Worts, Elizabeth, est décédée pendant l'accouchement. Deux semaines plus tard, Worts s'est tué en se jetant dans le puits du moulin à vent et en se noyant. Gooderham a poursuivi l'affaire lui-même. Avec un excédent de blé, Gooderham étendit l'entreprise en 1837 au brassage et à la distillation. Cette activité lucrative devint rapidement le principal centre d'intérêt de l'entreprise. Gooderham a été l'unique directeur de l'entreprise jusqu'en 1845, date à laquelle il a formé le fils aîné de Worts, James Gooderham Worts, cogérant. En 1859, les travaux d'un nouveau complexe de distillerie, le district de la distillerie, ont commencé. Il a été construit sur le front de mer et permet un accès facile aux principales lignes de train de Toronto. En 1862, sa première année complète de production, l'installation produisait environ 700 000 gallons impériaux (3 180 000 litres) de spiritueux. À l'époque, il s'agissait d'un quart de tous les spiritueux produits au Canada.

(Source : Wikipedia)

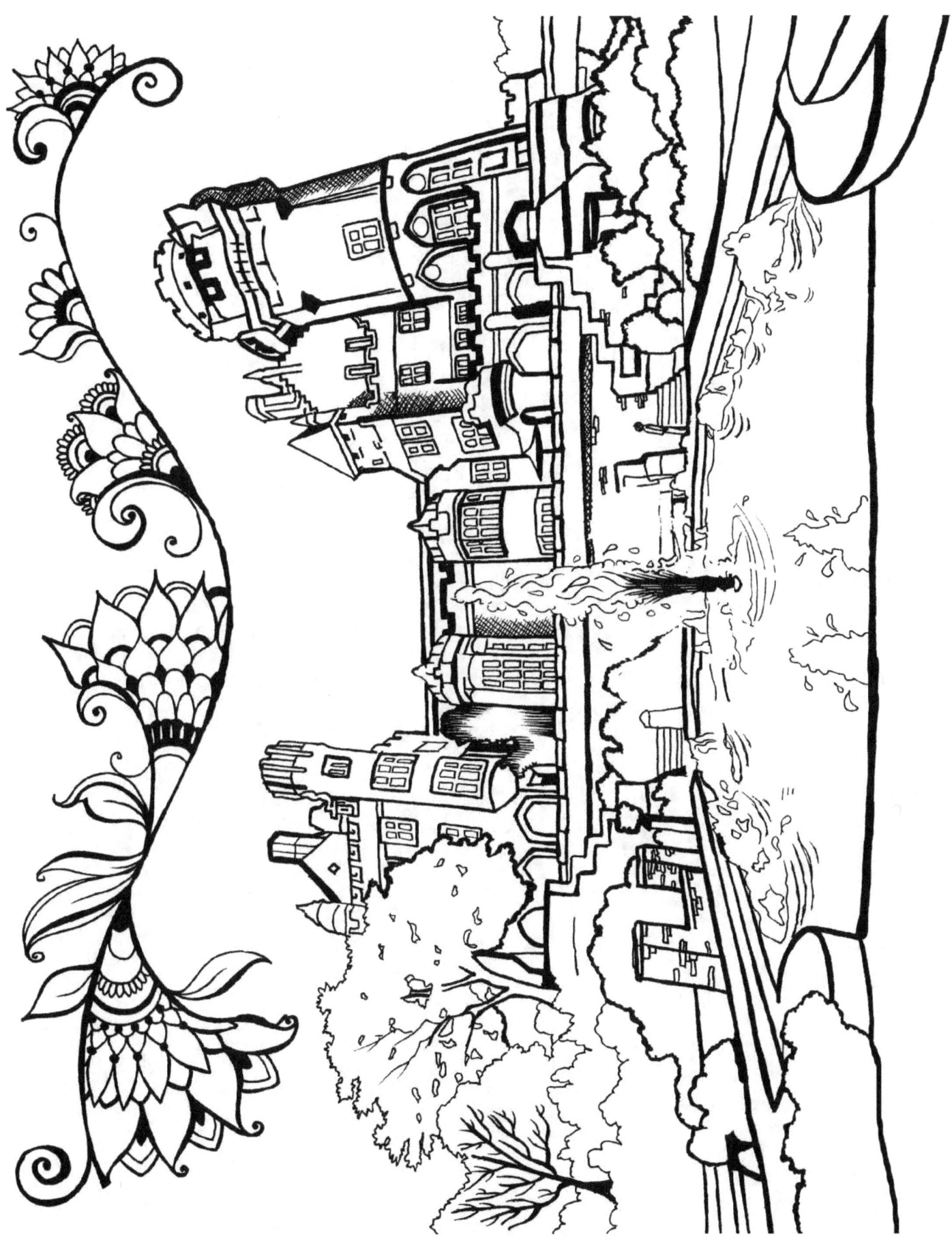

High Tea at Casa Loma

Experience the splendor of the Edwardian era with the beloved tradition of High Tea at Toronto's majestic castle, Casa Loma.

Settle in, select your tea and savor the signature handmade miniatures while surrounded by live musical amusement.

Enjoy the 18-ft. (5.5-metre) cake stand, the "world's tallest" filled with thousands of fancy mini pastries. Enjoy plated signature tea sandwiches accompanied by a selection of teas. Let the charm of this premier attraction and historical castle melt away the winter blues!

This is the perfect event for the entire family. Guest are invited to explore the castle and grounds.

High Tea à la Casa Loma

Découvrez la splendeur de l'époque édouardienne avec la tradition bien-aimée du High Tea au majestueux château de Toronto, Casa Loma.

Installez-vous, choisissez votre thé et savourez les miniatures faites à la main tout en vous divertissant.

Profitez de la 18 pieds. Un plateau à gâteaux (le plus haut du monde) rempli de milliers de mini-pâtisseries raffinées. Dégustez des sandwichs au thé, accompagnés d'une sélection de thés. Laissez le charme de cette attraction de choix et de ce château historique fondre le blues de l'hiver!

C'est l'événement idéal pour toute la famille. Les clients sont invités à explorer le château et le parc.

(Source : http://events.seetorontonow.com)

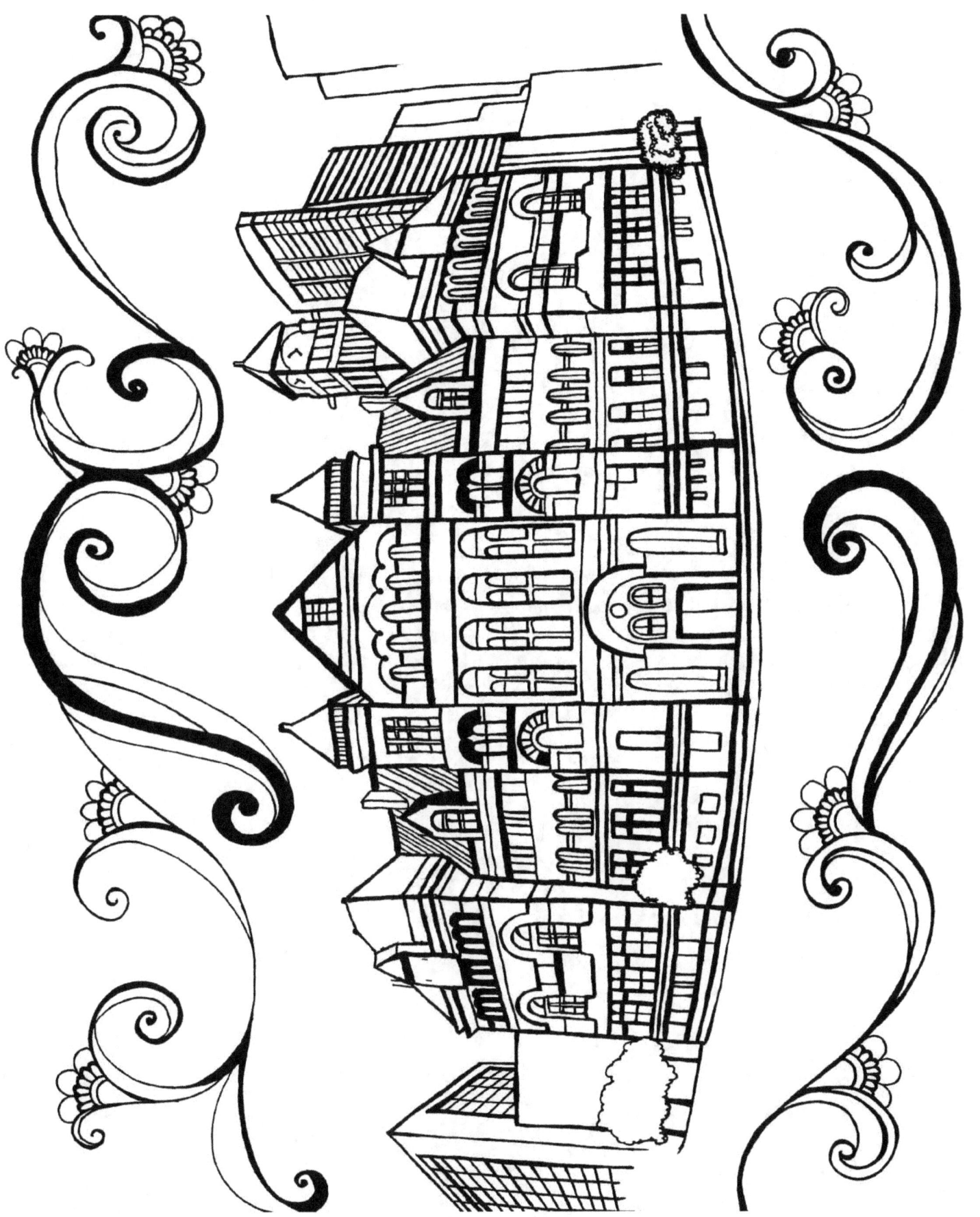

Old CITY HALL - TORONTO

The Old City Hall is a Romanesque civic building and court house in Toronto. It was the home of the Toronto City Council from 1899 to 1966 and remains one of the city's most prominent structures. The building is located at the corner of Queen and Bay Streets, across Bay Street from Nathan Phillips Square and the present City Hall in the Downtown Toronto. The heritage landmark has a distinctive clock tower which heads the length of Bay Street from Front Street to Queen Street as a terminating vista. The Old City Hall was designated a National Historic Site in 1984.

Vieil HÔTEL DE VILLE - TORONTO

Le vieil hôtel de ville est un édifice civique roman et un palais de justice situé à Toronto, en Ontario, au Canada. C'était le siège du conseil municipal de Toronto de 1899 à 1966 et demeure l'une des structures les plus importantes de la ville. L'immeuble est situé au coin des rues Queenand Bay, de l'autre côté de la rue Bay, du Nathan Phillips Square et de l'actuel hôtel de ville du centre-ville de Toronto. Le monument patrimonial a une tour ayant une horloge distinctive qui s'étend sur toute la longueur de la rue Bay, de Front Street à Queen Street. Le vieil hôtel de ville a été désigné lieu historique national en 1984.

(Source : Wikipedia)

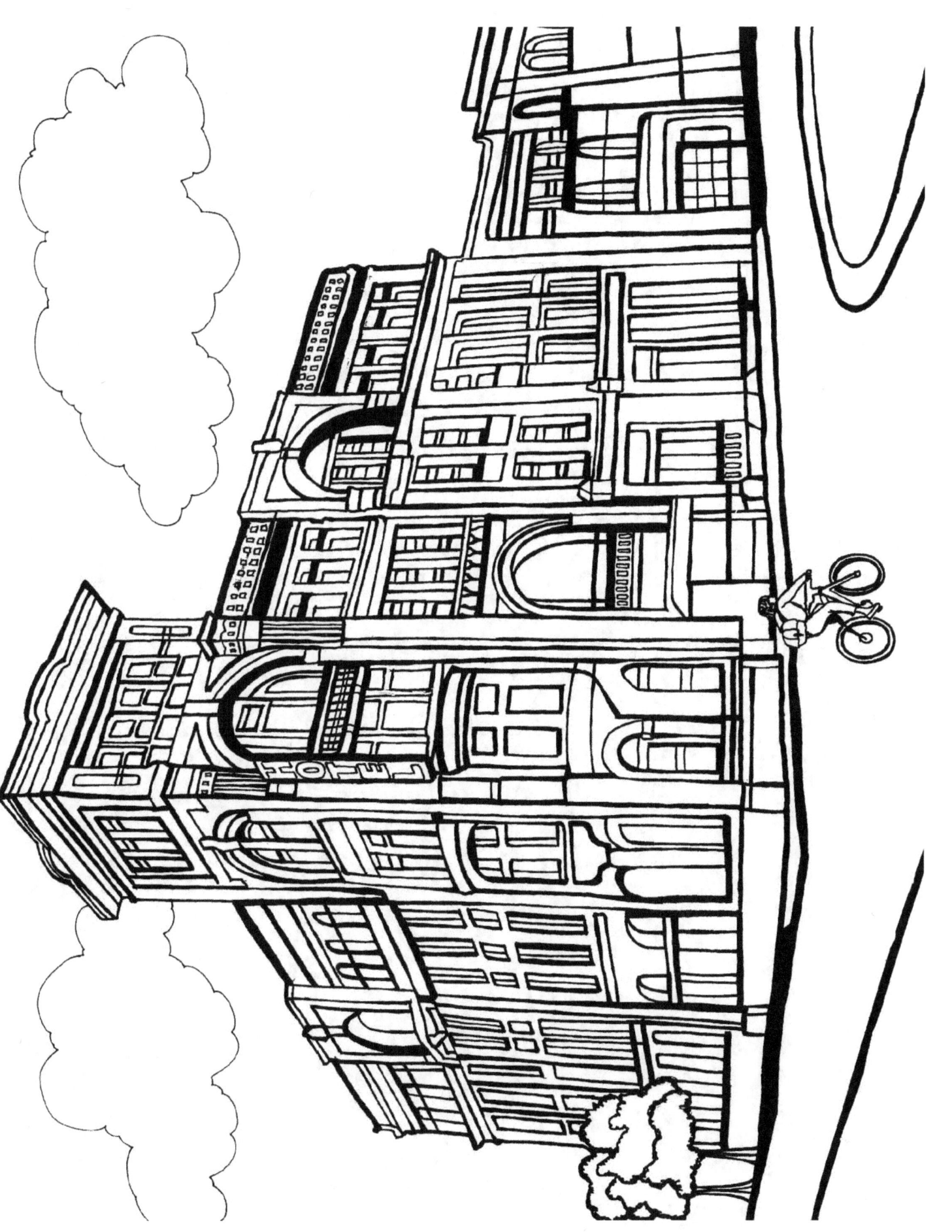

GLADSTONE HOTEL

It was built in 1889 and named after Gladstone Avenue, next to the hotel. The Parkdale area hotel was designed by local architect G.M. Miller in the Romanesque Revival style. The Gladstone Hotel is one of the oldest hotel buildings still operating as a hotel in Toronto.

As the only B-Corp certified hotel in Canada, the Gladstone boasts the highest standards in environmental performance and uses environmentally friendly products wherever possible.

The hotel is strong supporter of the local micro-economy using local suppliers and locally-made products in **all** its spaces, as well as being committed to environmental leadership in its community.

As a true original, the hotel was created and is run by artists. Infusing art into every aspect of the business, the hotel has become a significant cultural destination and leader in socially responsible hospitality.

L'HÔTEL GLADSTONE

Il a été construit en 1889 et porte le nom de Gladstone Avenue, à côté de l'hôtel. L'hôtel Parkdale a été conçu par l'architecte local G.M. Miller dans le style néo-roman. Le Gladstone Hotel est l'un des plus anciens bâtiments d'hôtel encore en activité à Toronto.

En tant que seul hôtel certifié B-Corp au Canada, le Gladstone respecte les normes les plus strictes en matière de performance environnementale et utilise des produits écologiques dans la mesure du possible.

L'hôtel est un fervent partisan de la micro-économie locale qui utilise des fournisseurs locaux et des produits fabriqués localement dans tous ses espaces, ainsi qu'un engagement en faveur du leadership environnemental de sa communauté.

Véritable original, l'hôtel a été créé et est géré par des artistes. Intégrant l'art dans tous les aspects du commerce, l'hôtel est devenu une destination culturelle importante et un leader de l'hôtellerie socialement responsable.

(Source : Wikipedia)

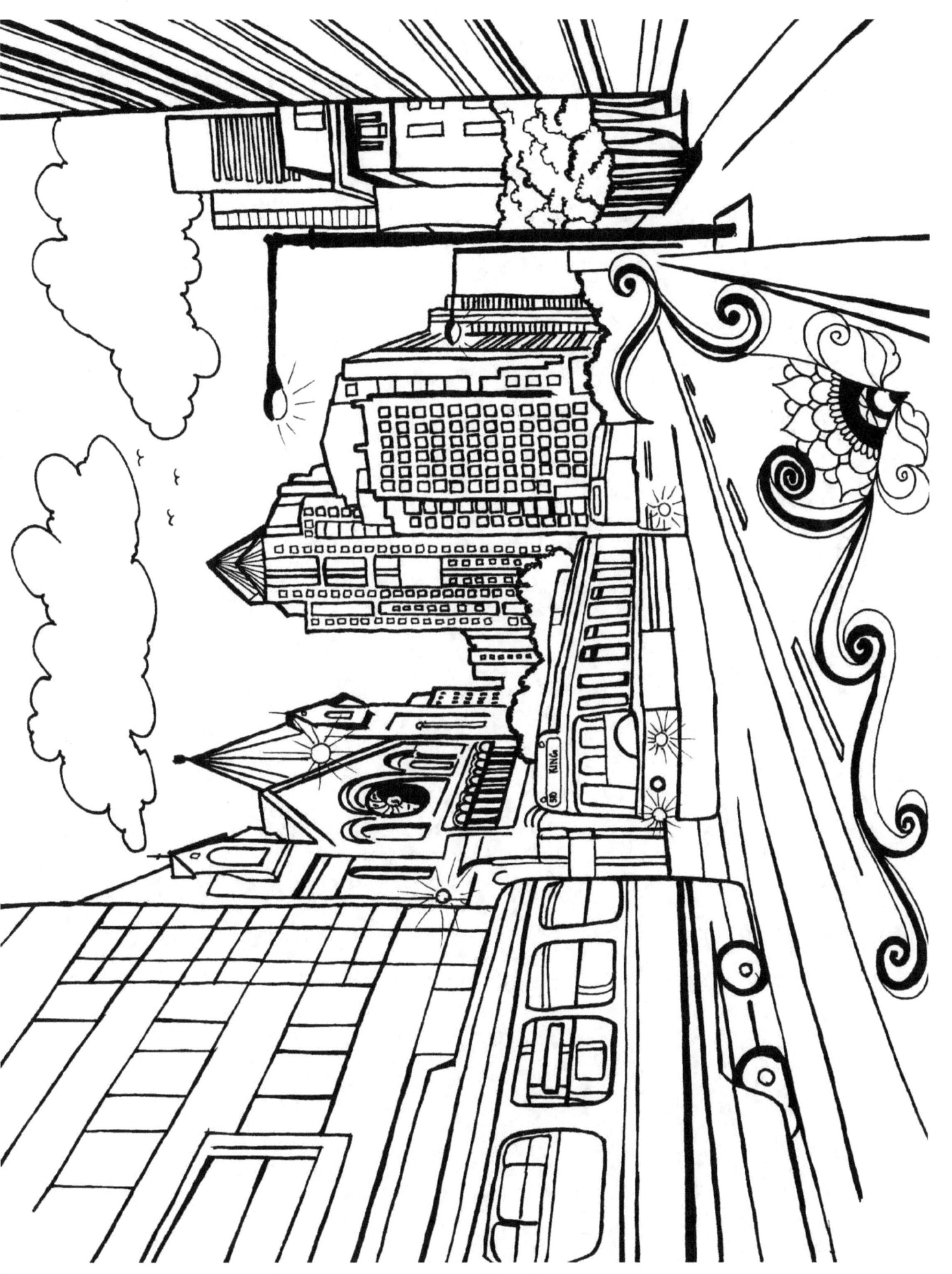

The Toronto streetcar system

The Toronto streetcar system is a network of eleven streetcar routes in Toronto, Ontario, Canada, operated by the Toronto Transit Commission (TTC). It is second busiest light-rail system in North America. The network is concentrated primarily in Downtown Toronto and in proximity to the city's waterfront. Much of the streetcar route network dates from the 19th century. Most of Toronto's streetcar routes operate on street trackage shared with vehicular traffic, and streetcars stop on demand at frequent stops like buses.

Toronto's streetcars provide most of the downtown core's surface transit service. Four of the TTC's five most heavily used surface routes are streetcar routes. In 2016, ridership on the streetcar system totalled more than 95 million.

There are underground connections between streetcars and the subway at St. Clair West, Spadina, and Union stations, and streetcars enter St. Clair, Dundas West, Bathurst, Broadview, and Main Street stations at street level. At the eight downtown stations, excepting Union, from Queen's Park to College on Line 1 Yonge–University, streetcars stop on the street outside the station entrances. Union station serves as the hub for both the TTC as well as the GO train system

Le système de tramway de Toronto

Le système de tramway de Toronto est un réseau de onze lignes de tramway à Toronto, en Ontario, au Canada, exploité par la Toronto Transit Commission (TTC). Il s'agit du deuxième système de train léger sur rail le plus utilisé en Amérique du Nord. Le réseau se concentre principalement dans le centre-ville de Toronto et à proximité du secteur riverain de la ville. Une grande partie du réseau de tramways date du 19ème siècle. La plupart des lignes de tramway de Toronto fonctionnent sur des voies partagées avec la circulation automobile, et les tramways s'arrêtent à la demande à des arrêts fréquents tels que des bus.

Les tramways de Toronto fournissent l'essentiel du service de transport en commun de surface du centre-ville. Quatre des cinq itinéraires de surface les plus utilisés de la TTC sont des tramways. En 2016, le nombre de passagers empruntant le système de tramway s'est élevé à plus de 95 millions.

Il existe des liaisons souterraines entre les tramways et les stations de métro des stations St. Clair West, Spadina et Union, et les tramways pénètrent dans les stations St. Clair, Dundas West, Bathurst, Broadview et Main Street. Dans les huit gares du centre-ville, à l'exception de Union, de Queen's Park à College sur la ligne 1, Yonge – University, les tramways s'arrêtent dans la rue devant les entrées des gares. La gare Union sert de plaque tournante à la fois pour la TTC et pour le système de train GO.

(Source : Wikipedia)

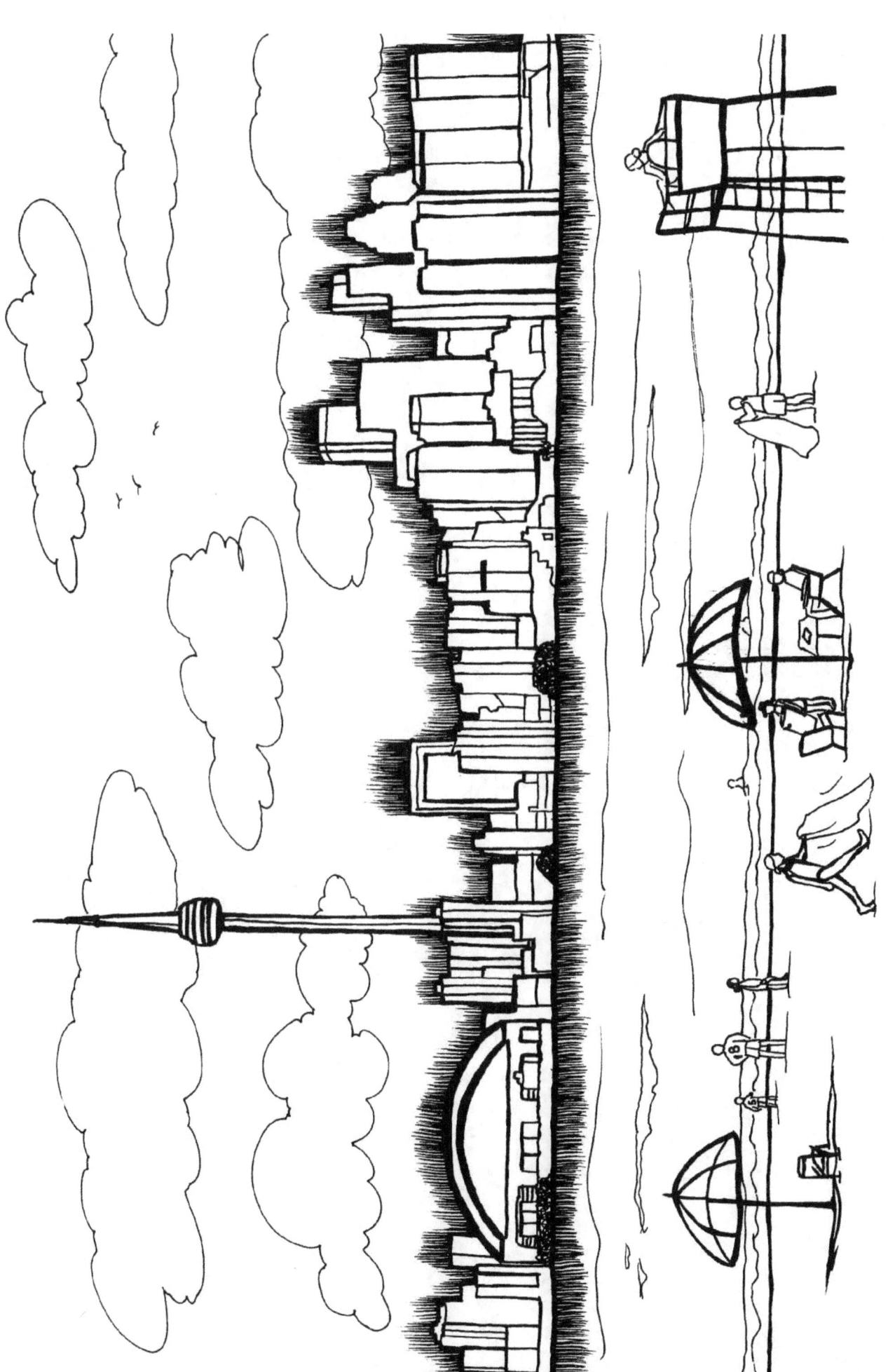

OTHER INTERESTING FACTS ABOUT TORONTO

- The **CN Tower** opened in 1976 and remains the tallest freestanding structure in the Western Hemisphere

- Toronto is the fourth-largest city in North America

- Since 2015 a Pedestrian Tunnel links Billy Bishop Airport on Toronto Island to the mainland. Getting from curbside in the city, to the airport check-in area, takes pedestrians less than 6 minutes. The Pedestrian Tunnel contains one of the longest escalator systems in Canada, and also contains a 153 step stairway

- The longest street in the world, Yonge Street, starts in **downtown Toronto**, and stretches north for 1,896 kilometres

AUTRES FAITS INTERESSANTS SUR TORONTO

• La Tour du CN a ouvert ses portes en 1976 et reste la plus haute structure indépendante de l'hémisphère occidental.

• Toronto est la quatrième ville en importance en Amérique du Nord.

• Depuis 2015, un tunnel pour piétons relie l'aéroport Billy Bishop de l'île de Toronto au continent. Se rendre dans la ville en direction de la zone d'enregistrement à l'aéroport prend moins de 6 minutes pour les piétons. Le tunnel pour piétons contient l'un des plus longs systèmes d'escaliers mécaniques au Canada et un escalier de 153 marches.

• La rue Yonge, la plus longue du monde, commence au centre-ville de Toronto et s'étend sur 1 896 kilomètres vers le nord.

(Source :canadianbloghouse.com)

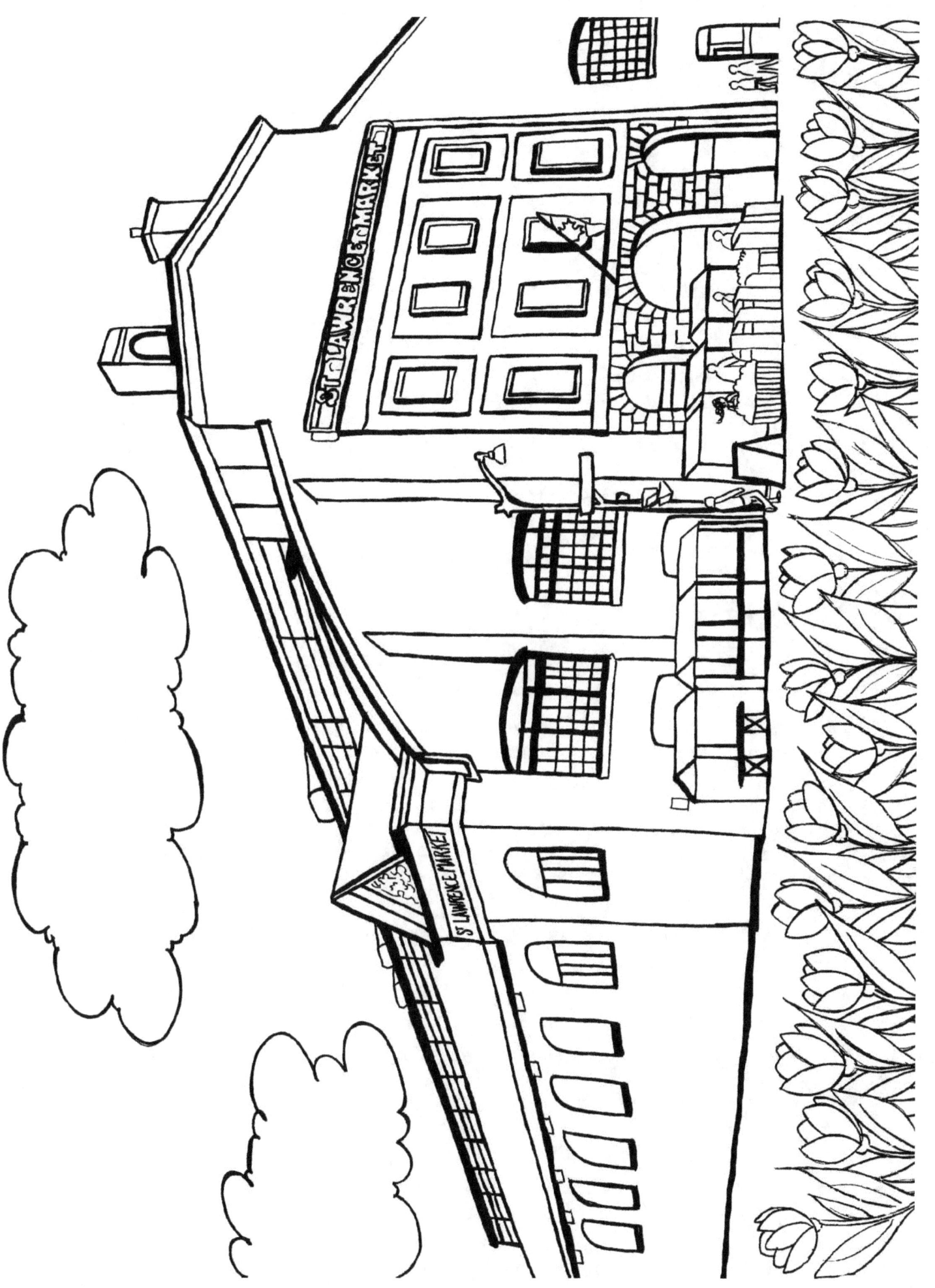

CONTINUED FROM PAGE....

- Toronto's St. Lawrence Market, one of Canada's oldest continuously operating markets, is 213 years old (2016)

- The city's underground PATH shopping network covers 27 kilometres underneath downtown Toronto – the largest underground shopping complex in the world

- Roughly 1,500 parks dot Toronto's urban landscape

- Toronto's Santa Claus Parade began in 1905 and is one of the city's oldest traditions

- At Christmas time, Nathan Phillips Square holds a 60-foot tree decorated with 12,000 LED lights and 700 ornaments

- It takes 2 weeks to decorate the Christmas tree at Nathan Phillips Square

- Toronto's "One of a Kind Show" is the largest consumer craft show in North America

SUITE...

• Le marché Saint-Laurent de Toronto, l'un des plus anciens marchés en activité au Canada, a 213 ans (2016)

• Le réseau commercial souterrain PATH de la ville couvre 27 kilomètres au-dessous du centre-ville de Toronto - le plus grand complexe commercial souterrain au monde.

• Environ 1 500 parcs parsèment le paysage urbain de Toronto

• Le défilé du père Noël de Toronto a commencé en 1905 et constitue l'une des traditions les plus anciennes de la ville.

• À l'heure de Noël, Nathan Phillips Square tient un arbre de 60 pieds décoré de 12 000 lumières DEL et de 700 ornements.

• Il faut deux semaines pour décorer le sapin de Noël au square Nathan Phillips

• L'émission unique en son genre de Toronto est la plus grande exposition d'artisanat grand public en Amérique du Nord.

(Source : canadianbloghouse.com)

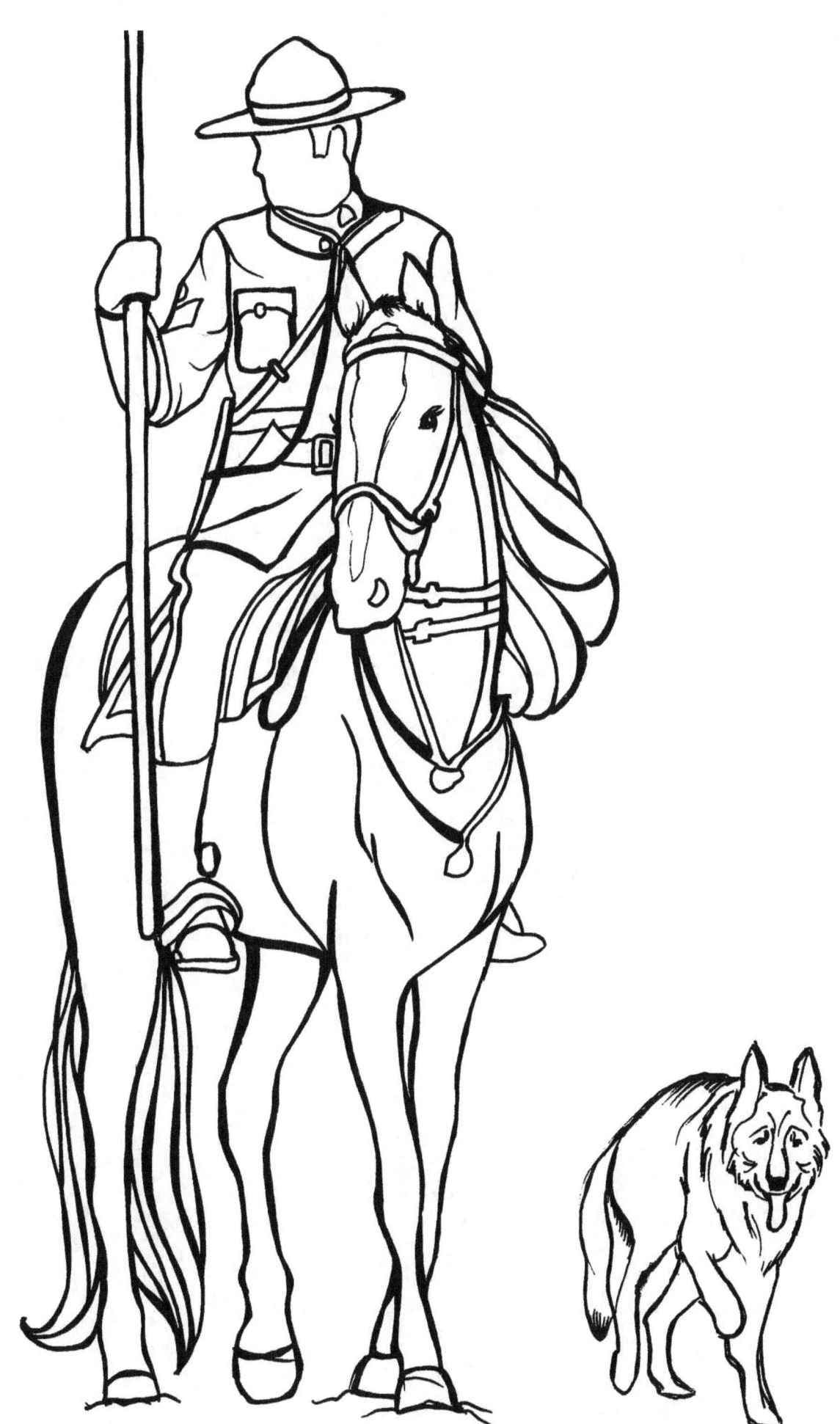

Royal Canadian Mounted Police (RCMP), formerly (until 1920) North West Mounted Police, by name Mounties, Canada's federal police force. It is also the provincial and criminal police establishment in all provinces except Ontario and Quebec and the only police force in the Yukon and Northwest territories. It is responsible for Canadian internal security as well.

Founded in 1873, it was originally called the North West Mounted Rifles, but the reaction of the United States to the idea of an armed force patrolling the border caused the name to be changed to the North West Mounted Police. The force's first installation was Fort McLeod, in the province of Alberta, and it was the only authority for 300,000 square miles (800,000 square km) of wilderness. The original force of 300 men was sent to deal with traders from the United States who were creating havoc among the Indians by trading cheap whiskey for buffalo hides. With a combination of tact and dogged persistence, the Mounties succeeded in driving these men back across the border and pacifying the Indians. Their just treatment of the Indians resulted in the neutrality of the powerful Blackfoot Confederacy during the Riel Rebellion of 1885.

As the only authority in the region, the force assumed a wide variety of duties. Under its surveillance, the western extension of the Canadian Pacific Railway was completed in 1885. Anticipating the gold rush of 1898, the Mounties preceded the first wave of prospectors to the Yukon. As more than 300,000 settlers poured into Canada after the turn of the 20th century, the Mounties were of considerable assistance to those inexperienced in wilderness survival. In 1904 the prefix "Royal" was added to their name, and in 1920, when it became a federal force throughout Canada, the present name was adopted, and the headquarters were moved from Regina to Ottawa.

La Gendarmerie royale du Canada (GRC), anciennement (jusqu'en 1920) la Police à cheval du Nord-Ouest, nommée Mounties, la force de police fédérale du Canada. C'est également la police provinciale et la police criminelle dans toutes les provinces sauf l'Ontario et le Québec et la seule force de police au Yukon et dans les territoires du Nord-Ouest. Il est également responsable de la sécurité intérieure du Canada.

Fondé en 1873, il s'appelait à l'origine «North West Mounted Rifles», mais la réaction des États-Unis à l'idée d'une force armée patrouillant à la frontière a entraîné le changement de nom pour celui de Police à cheval du Nord-Ouest. La première installation de la force a été Fort McLeod, dans la province de l'Alberta, et elle était la seule autorité pour 800 000 kilomètres carrés de zones sauvages. La force initiale de 300 hommes a été envoyée pour traiter avec des commerçants américains qui faisaient des ravages parmi les Indiens en échangeant du whisky bon marché contre des peaux de buffle. Combinant tact et persévérance, la police montée a réussi à repousser ces hommes vers la frontière et à apaiser les Indiens. Leur traitement juste des Indiens aboutit à la neutralité de la puissante Confédération Blackfoot lors de la rébellion de Riel en 1885. En tant que seule autorité dans la région, la force assumait une grande variété de tâches. Sous sa surveillance, le prolongement à l'ouest de la voie ferrée du Canadien Pacifique a été achevé en 1885. Anticipant la ruée vers l'or de 1898, la police montée a précédé la première vague de prospecteurs au Yukon. Alors que plus de 300 000 colons se sont installés au Canada après le tournant du XXe siècle, les gendarmes ont été d'une aide considérable pour ceux qui n'avaient pas l'expérience de la survie en pleine nature. En 1904, le préfixe «Royal» fut ajouté à leur nom. En 1920, lorsqu'il devint une force fédérale dans tout le Canada, le nom actuel fut adopté et le quartier général fut déplacé de Regina à Ottawa.

Source: https://www.britannica.com/topic/Royal-Canadian-Mounted-Police

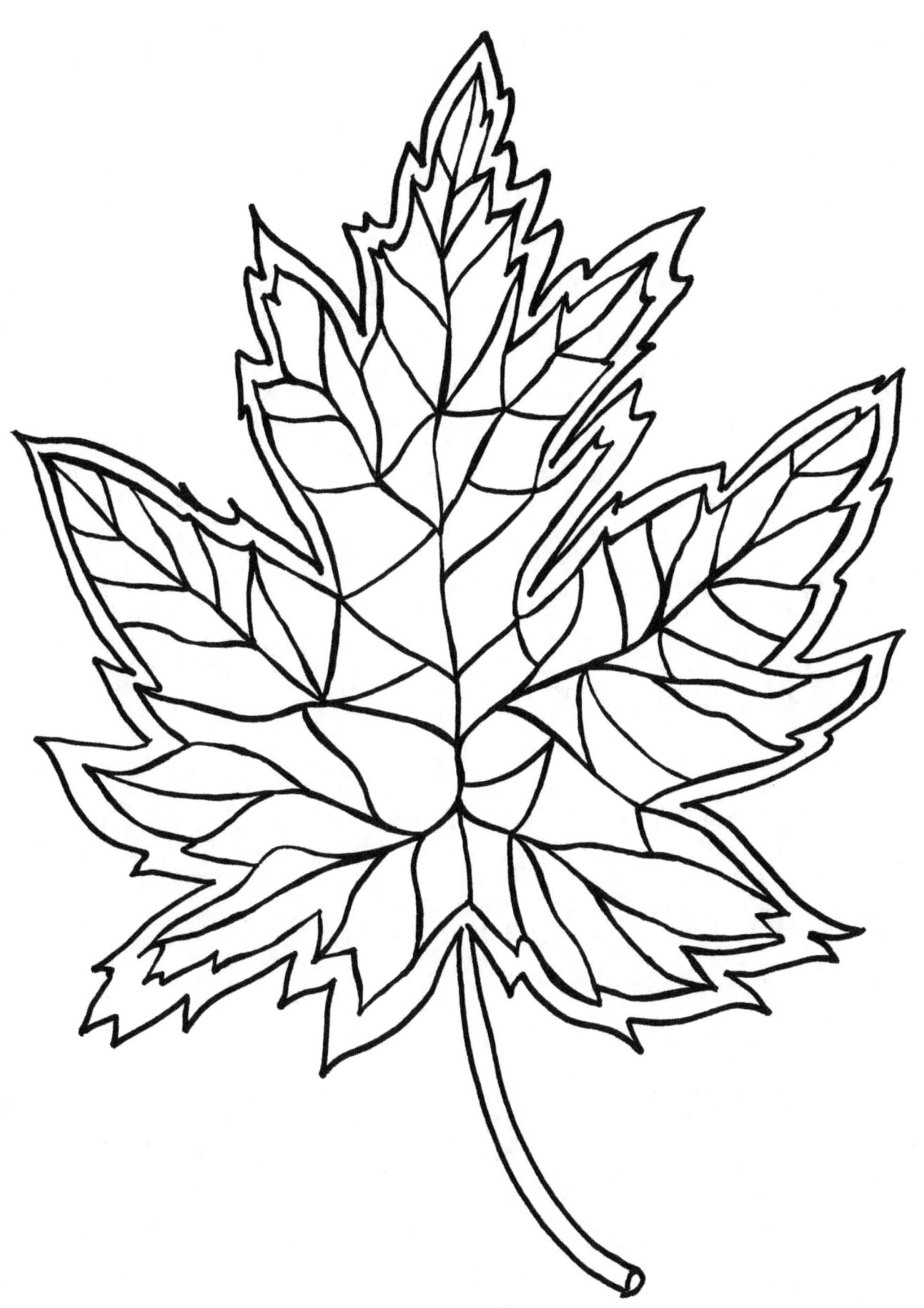

The Canadian Maple leaf symbolizes unity, tolerance, and peace.

A little bit of history...

The maple tree and its distinctive leaves are more than a fixture of Canada's natural beauty. 10 varieties of maple grow in Canada, so the tree is abundant and recognizable throughout the country. The maple leaf has been adopted by national groups, placed on the coat of arms and used as the centerpiece of the nation's flag.

In 1925, debate over a national flag began in the Canadian Privy Council, a group of consultants for the British queen. The group wanted a design that would represent Canada's independence and unity, but members could not decide on a final product. Parliament picked up the search for a national flag in 1946, but after more than 2,600 submissions, they never voted on a design.

It wasn't until 1965 that Canada finally adopted the red maple leaf with red and white accents, a design that had been featured on Olympic athletes' uniforms since 1904. The Maple leaf as a national symbol. In 1834 the St. Jean-Baptiste Society, a French-Canadian patriotic group, adopted the maple leaf as their group symbol. In 1836 the newspaper "Le Canadien" named the maple leaf the official symbol of Canada, and by 1860 members of the Regiment of Royal Canadians were sporting the leaf on their badges. The leaf was featured on both the British and French-Canadian coat of arms, and it's been used on currency since the end of the 19th century. It was also a Canadian military symbol during both World Wars. The maple was designated as Canada's national tree in 1996.

La feuille d'érable canadienne symbolise l'unité, la tolérance et la paix.

Un peu d'histoire...

L'érable et ses feuilles distinctives sont plus qu'un élément de la beauté naturelle du Canada. 10 variétés d'érables poussent au Canada, ce qui en fait un arbre abondant et reconnaissable dans tout le pays. La feuille d'érable a été adoptée par des groupes nationaux, placée sur le blason et utilisée comme pièce maîtresse du drapeau national.

En 1925, le Conseil privé du Canada, un groupe de consultants de la reine britannique, commença à débattre d'un drapeau national. Le groupe souhaitait un modèle qui représenterait l'indépendance et l'unité du Canada, mais les membres ne pourraient pas choisir un produit final. Le Parlement a commencé à chercher un drapeau national en 1946, mais après plus de 2 600 soumissions, il n'a jamais voté pour un dessin.

Ce n'est qu'en 1965 que le Canada a finalement adopté la feuille d'érable rouge aux accents rouges et blancs, un motif qui figurait sur l'uniforme des athlètes olympiques depuis 1904. La feuille d'érable comme symbole national En 1834, la Société Saint-Jean-Baptiste, un groupe patriotique franco-canadien, adopta la feuille d'érable comme symbole de groupe. En 1836, le journal "Le Canadien" désigna la feuille d'érable comme symbole officiel du Canada et, en 1860, les membres du Régiment of Royal Canadian arboraient la feuille avec leur badge. La feuille figurait sur les armoiries britannique et canadienne-française, et était utilisée sur la monnaie depuis la fin du 19e siècle. C'était également un symbole militaire canadien pendant les deux guerres mondiales. L'érable a été désigné comme arbre national du Canada en 1996.

(Source: https://classroom.synonym.com/why-is-the-maple-leaf-a-canadian-symbol-12078959.html)

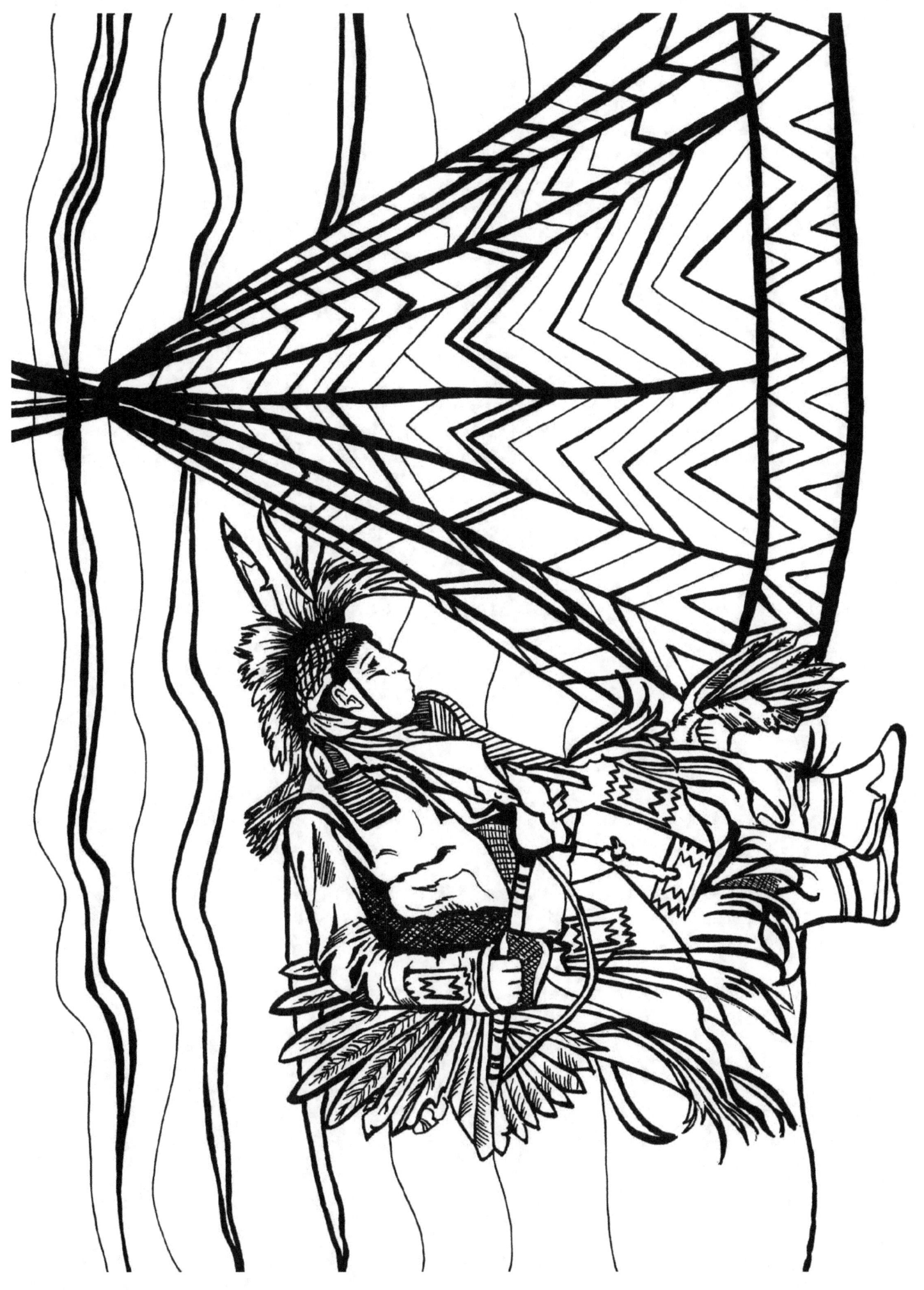

Toronto — formerly known as Tkaronto — has been home to Indigenous people for some 11,000 years. Toronto has been part of the traditional territory of the Huron-Wendat, the Haudenosaunee, and the Anishinaabe peoples, including the Mississaugas of the New Credit First Nation, according to the City of Toronto.

They also focused on the impact of immigration on the city from the 1700s until present day, along with highlighting the history of Indigenous peoples in the city.

The name Toronto comes from the Mohawk word tkaronto, meaning "trees standing in water" — a reference to ancient fishing weirs set up between lakes Simcoe and Couchiching. Over centuries, the name migrated south along a portage route to Lake Ontario.

According to the City of Toronto, the Royal Proclamation of 1763 recognized British North America's indigenous peoples had inherent rights. It guided treaty-making, with only the Crown being able to purchase Indigenous lands. In 1787, the British arranged the "Toronto Purchase" with the Mississaugas, acquiring 250,000 acres for settlement.

This defective agreement was replaced by a second Toronto Purchase in 1805. The Toronto Purchase Specific Land Claim would not be resolved until 2010.

It's estimated as many as 70,000 indigenous people call Toronto home today, including Sam Mukwa Kloestra, a member of the Mattagami First Nation.

Toronto - anciennement connue sous le nom de Tkaronto - abrite des peuples autochtones depuis environ 11 000 ans. Toronto fait partie du territoire traditionnel des Hurons-Wendat, des Haudenosaunee et des Anishinaabe, y compris de la Première nation des Mississaugas de la New Credit, selon la ville de Toronto, qui expose l'impact de l'immigration sur la ville des années 1700 à nos jours, en soulignant l'histoire des peuples autochtones de la ville.

Le nom de Toronto provient du mot mohawk tkaronto, qui signifie "arbres dans l'eau" - une référence aux anciens barrages de pêche installés entre les lacs Simcoe et Couchiching. Au fil des siècles, le nom migre vers le sud le long d'une route de portage menant au lac Ontario.

Selon la ville de Toronto, la Proclamation royale de 1763 reconnaissait aux peuples autochtones de l'Amérique du Nord britannique des droits inhérents. Elle a guidé la conclusion de traités, seule la Couronne pouvant acheter des terres autochtones. En 1787, les Britanniques ont conclu avec les Mississaugas le "Toronto Purchase" avec 250 000 acres. Cet accord défectueux a été remplacé par un deuxième achat à Toronto en 1805. La revendication territoriale particulière à l'achat de Toronto ne serait pas réglée avant 2010.

On estime à 70 000 le nombre d'Autochtones vivant aujourd'hui à Toronto, y compris Sam Mukwa Kloestra, membre de la Première nation Mattagami.

(Source: Toronto.com)

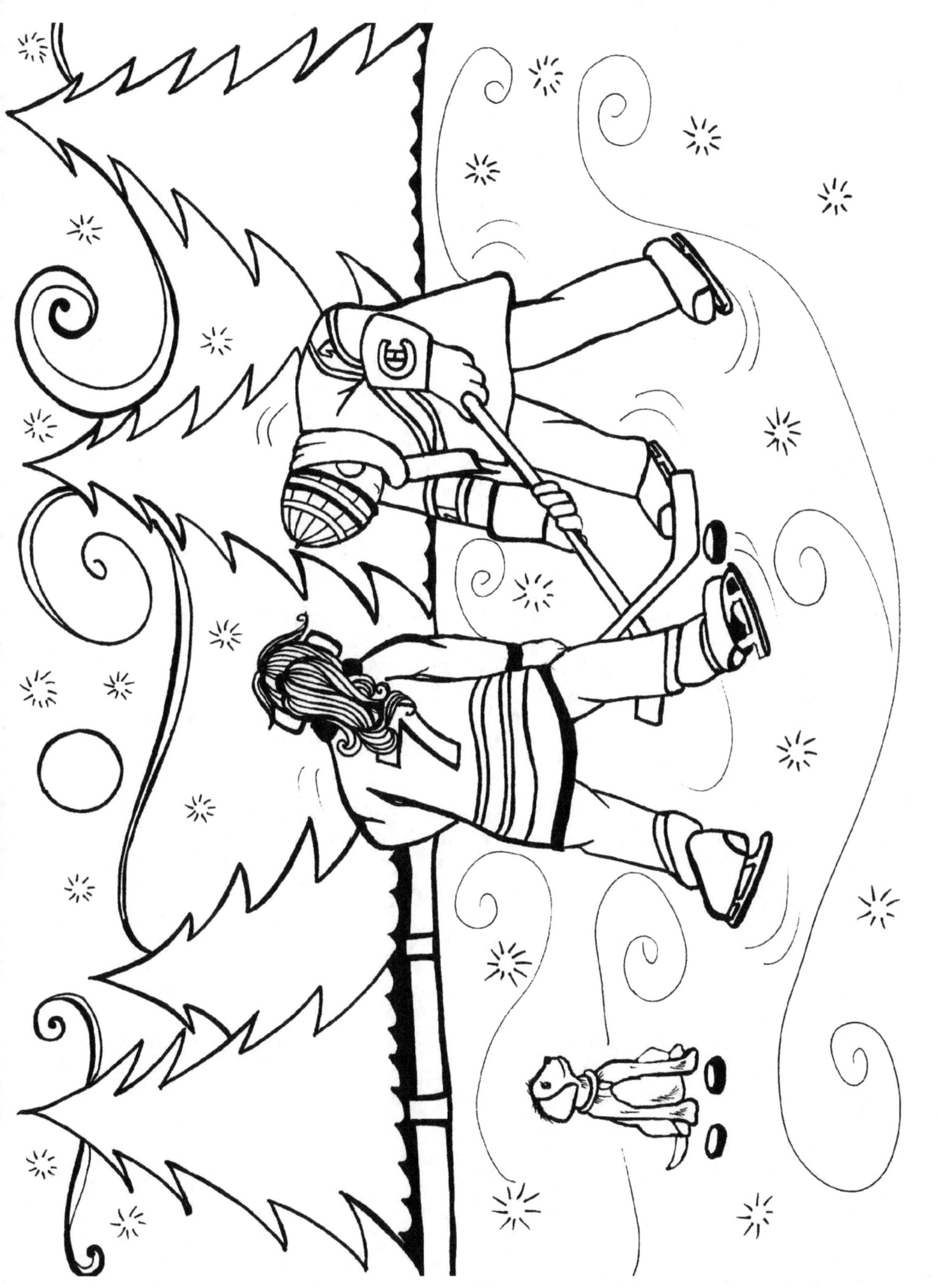

HOCKEY

'Hockey's place in Canadian culture is closer to religion than a simple sporting pastime, a unifying force in a country of 33 million people that is often split by politics and language. The sport is part of the national identity, a rite of passage between fathers and sons and more recently mothers and daughters as the game has evolved beyond its traditional gender boundaries. Generations of Canadians grew up listening to Hockey Night in Canada on the radio and decades later the Saturday night tradition continues intact on high-definition television.'

'In Canada, which regards itself as the birthplace of the game, it is simply referred to as "hockey," and anyone describing it any other way risks a disdainful look or a puck in the head. From Newfoundland to Vancouver Island hockey touches the lives of Canadians young and old. Children are introduced to the game at an early age, some learning to skate and hold a stick as soon as they can walk, while some people go to their graves wearing team jerseys. Hockey is a contradiction of graceful skill and brutal violence that runs counter to Canadians' modest, polite image, and novelist Hugh MacLennan theorized that the sport gave Canadians the same release that "strong liquor gives a repressed man.'

'La place du hockey dans la culture canadienne est plus proche de la religion que d'un simple passe-temps sportif. C'est une force unificatrice dans un pays de 33 millions d'habitants souvent divisé par la politique et la langue. Le sport fait partie de l'identité nationale, un rite de passage entre pères et fils et plus récemment mères et filles, car le jeu a évolué au-delà de ses frontières de genre traditionnelles. Des générations de Canadiens ont grandi en écoutant l'émission Hockey Night In Canada à la radio et, des décennies plus tard, la tradition du samedi soir se poursuit intacte à la télévision haute définition.'

'Au Canada, qui se considère comme le berceau du jeu, on l'appelle simplement « hockey »et quiconque le décrit d'une autre manière risque de lui donner un regard dédaigneux ou une rondelle dans la tête.'

'De Terre-Neuve à l'île de Vancouver, le hockey touche la vie des jeunes et des moins jeunes. Les enfants sont initiés au jeu dès leur plus jeune âge. Certains apprennent à patiner et à tenir un bâton dès qu'ils savent marcher, tandis que d'autres se rendent sur leur tombe en portant leur maillot d'équipe. Le hockey est une contradiction puisque la violence brutale du sport allant à l'encontre de l'image modeste et polie des Canadiens, et dont le romancier Hugh MacLennan a émis l'hypothèse selon laquelle le sport a donné aux Canadiens ce que « l'alcool fort donne à un homme refoulé ». '

(Source: https://www.reuters.com/article/us-olympics-ice-hockey-canada)

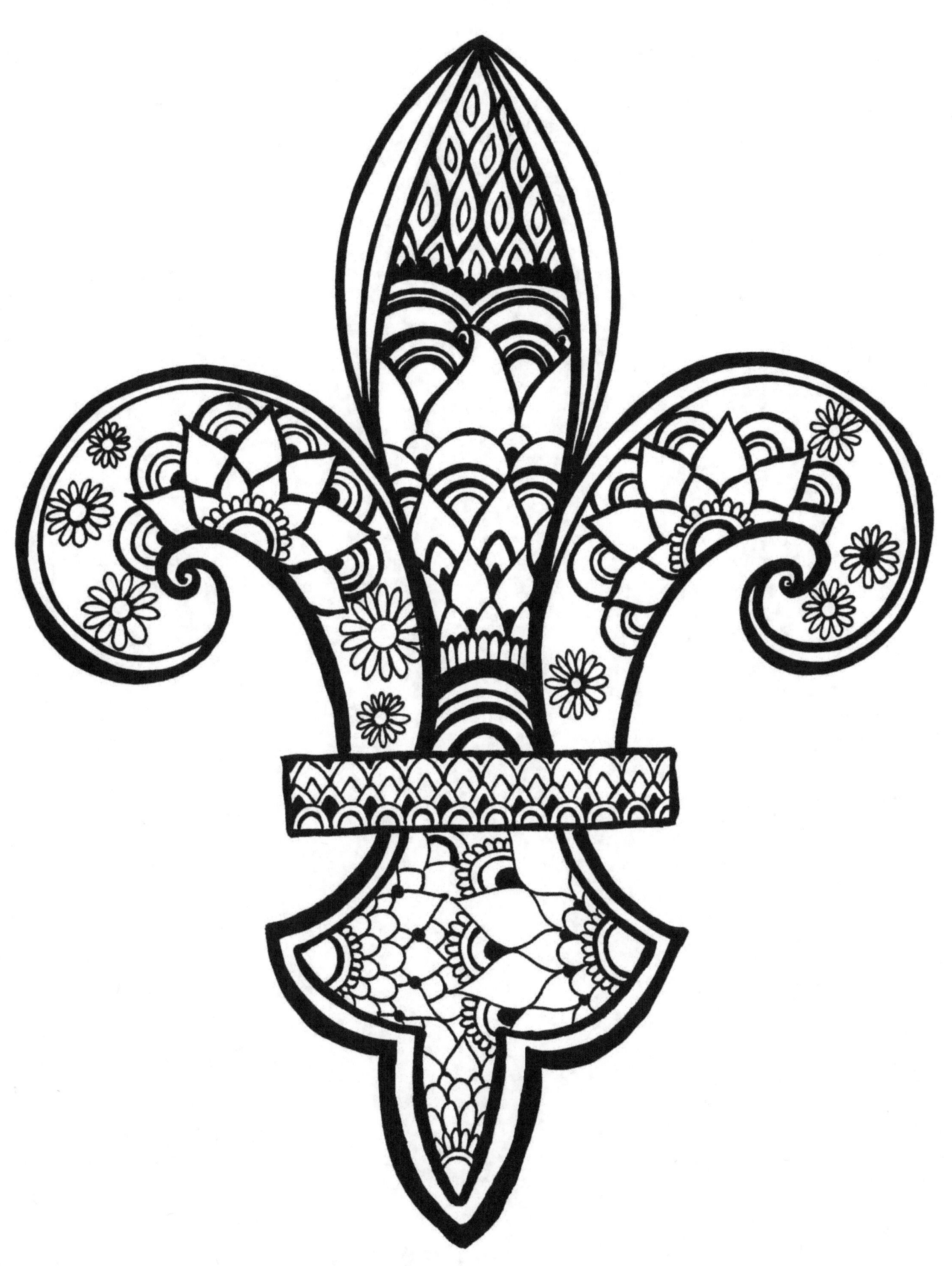

Fleur-de-Lys

The fleur-de-lys, a symbol of the French presence in North America, has featured on the Québec flag since 1948 and appears on the flags of several other French-speaking communities in Canada and the United States.

La fleur de lys, symbole de la présence française en Amérique du Nord, figure sur le drapeau du Québec depuis 1948 et sur les drapeaux de plusieurs autres communautés francophones du Canada et des États-Unis.

(Source: Wikipedia + https://www.thecanadianencyclopedia.ca/en/article/fleur-de-lys)

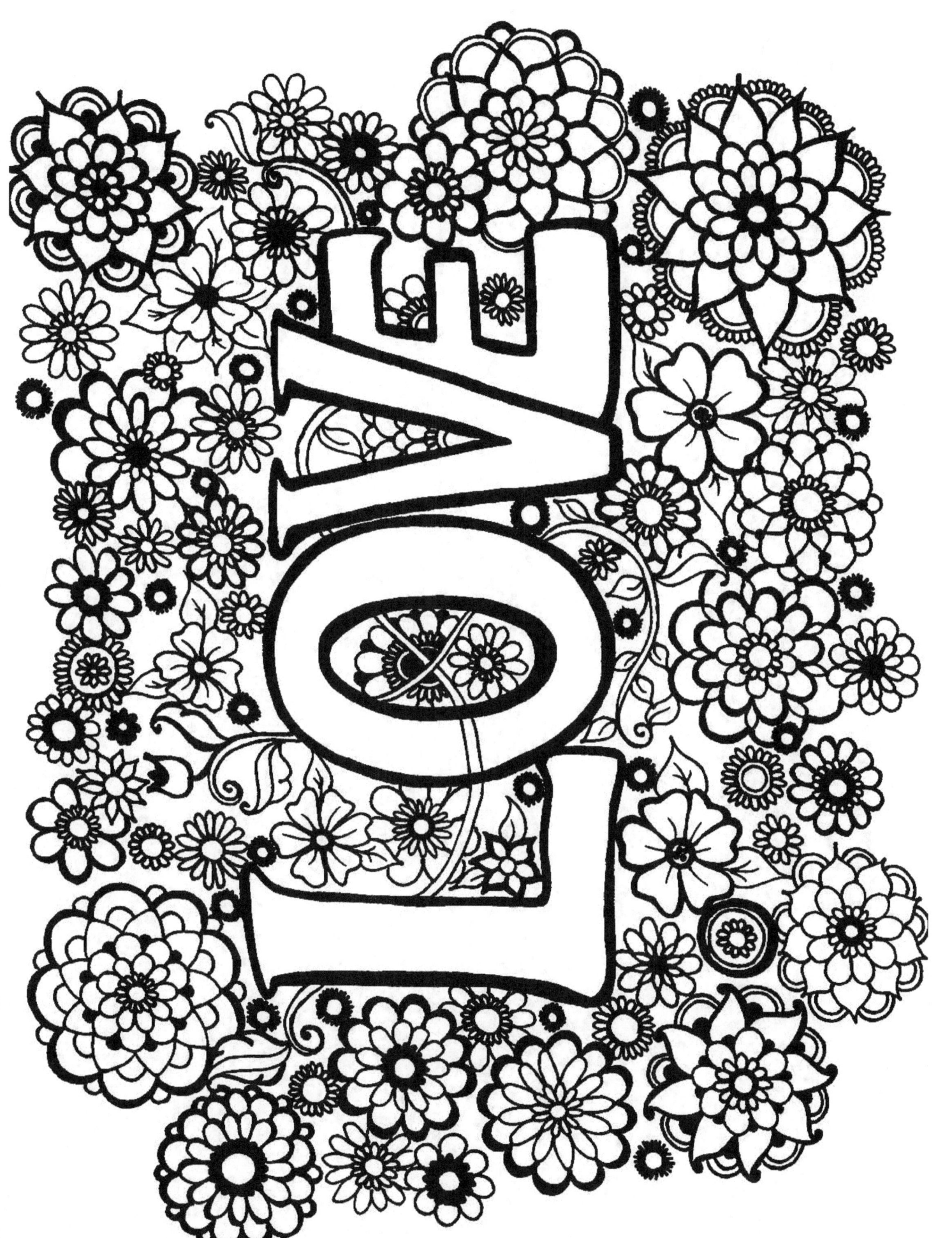

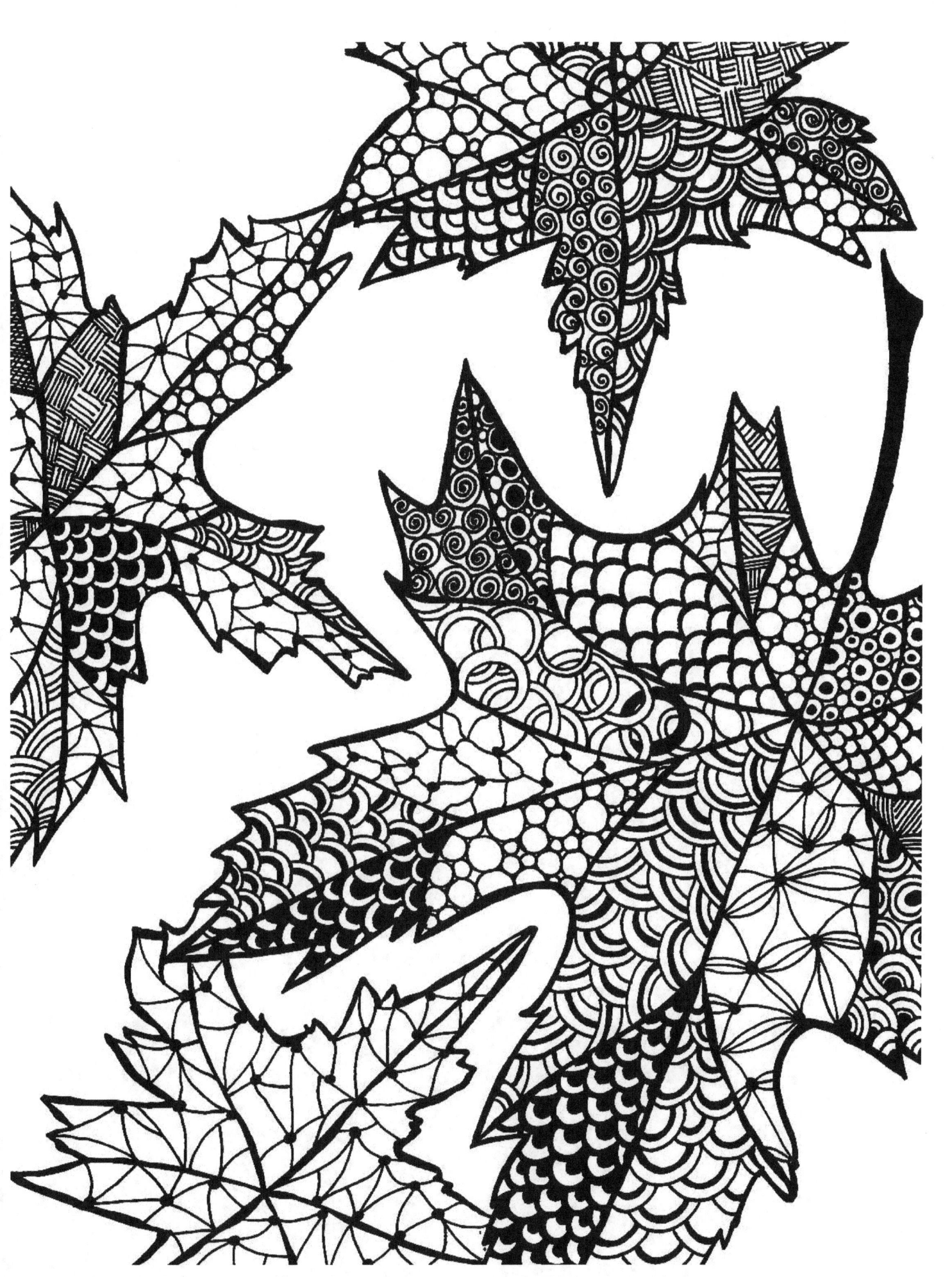

About You-Color and Nancy Béliveau, Artist and CEO:

Over years of working in a corporate environment in Montreal, Nancy discovered the benefits of coloring to relax and recharge from the go-go demands of work and a modern lifestyle. As an artist, Nancy was soon creating her own art for others to color and enjoy the benefits from the activity of coloring Finally, she left her corporate job to establish You-Color. This way she can respond to a growing demand for her coloring books. Today, you can find many of her coloring books on Amazon.com

À propos de You-Color et de Nancy Béliveau, artiste et chef de l'entreprise:

Au cours de nombreuses années à travailler au sein d'une entreprise corporative montréalaise, Nancy a découvert les avantages de l'activité du coloriage pour adultes, comme moyen de se détendre et de se ressourcer afin de faire face aux exigences du travail et à un style de vie moderne. En tant qu'artiste, Nancy a rapidement créé ses propres œuvres pour que les autres puissent les colorier et apprécier les bénéfices de cette activité - Finalement, elle a quitté son travail pour créer You-Color afin de répondre à la demande croissante pour ses livres à colorier. Aujourd'hui, vous pouvez trouver plusieurs de ses livres à colorier sur Amazon.com.

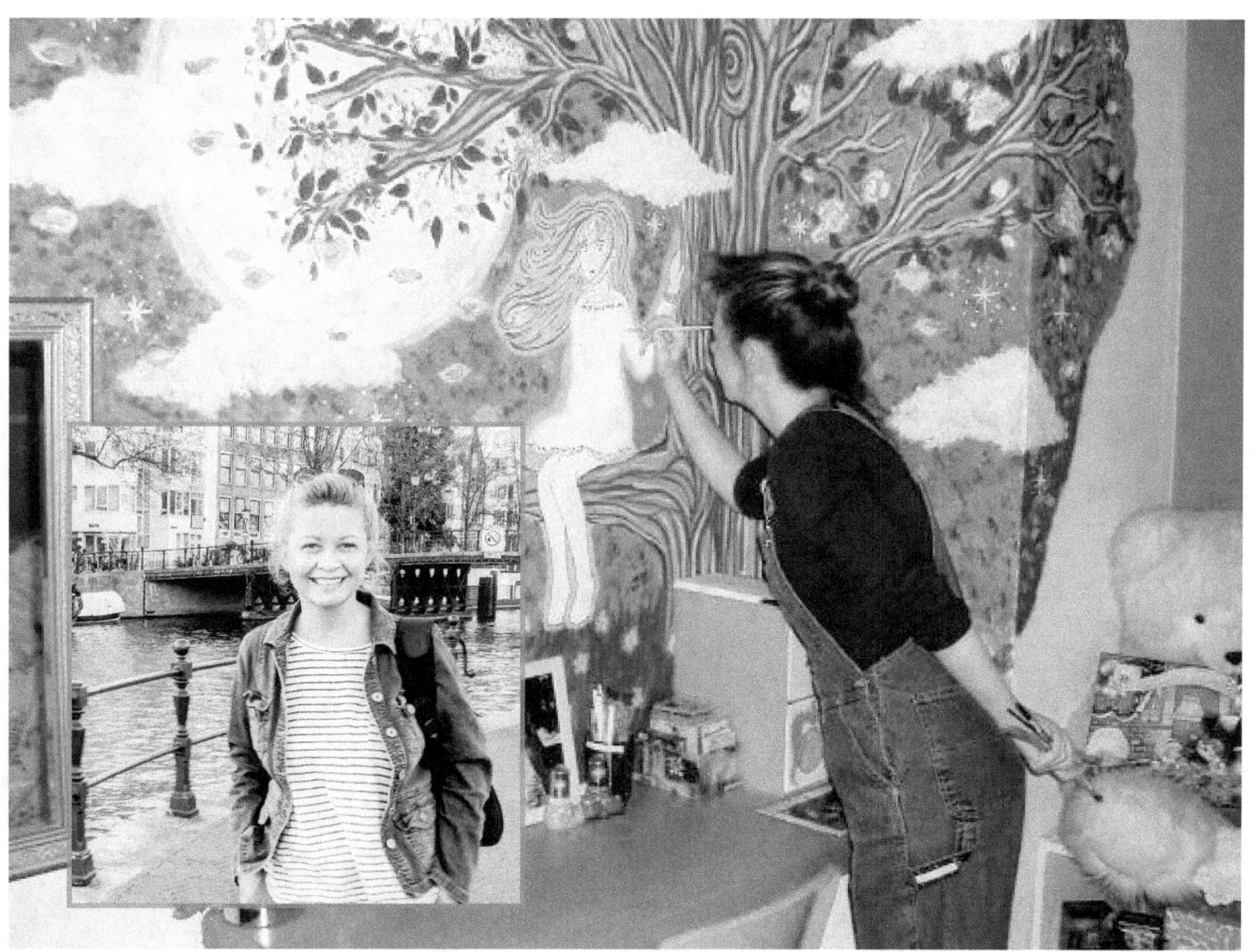

www.ingramcontent.com/pod-product-compliance
Lightning Source LLC
Chambersburg PA
CBHW062344220526
45469CB00008B/2828